beck'sche reihe

bsr

Im Gegensatz zum Tier, das den Tod erst im Sterben kennenlernt, trägt der Mensch die Gewissheit seines Todes stets mit sich herum. Der Tod steht unausweichbar im Hintergrund und kann jeden Augenblick herantreten. Arthur Schopenhauer, der Meisterdenker des Pessimismus, ist gleichwohl der Überzeugung, dass der «Kern unseres Wesens» im Tod unversehrt bleibt. Vom Tod betroffen ist das individuelle Bewusstsein. Doch dieses ist ohnehin nur Schein. «Wir werden im Augenblicke des Sterbens inne, daß eine bloße Täuschung unser Daseyn auf unsere Person beschränkt hatte.»

Ernst Ziegler war bis 2003 Stadtarchivar in St. Gallen; er ist Privatdozent an der Universität St. Gallen, Historiker und Paläograph. Bei C.H.Beck hat er 2010 zusammen mit Franco Volpi die *Senilia, Gedanken im Alter* von Arthur Schopenhauer herausgegeben.

Arthur Schopenhauer

ÜBER DEN TOD

Gedanken und Einsichten über letzte Dinge

Herausgegeben
von Ernst Ziegler

Verlag C.H.Beck

In memoriam Franco Volpi
(1952–2009)

Originalausgabe

Gesamtherstellung: Druckerei C.H.Beck, Nördlingen
Umschlagentwurf: malsyteufel, Willich
Umschlagabbildung: Arthur Schopenhauer, Zeichnung von Jules Lunteschütz © Schopenhauer Archiv Frankfurt am Main
Gedruckt auf säurefreiem, altersbeständigem Papier
(hergestellt aus chlorfrei gebleichtem Zellstoff)
Printed in Germany
ISBN 978 3 406 60567 3

www.beck.de

Über den Tod

Inhalt

Einleitung 9
Heißt Philosophieren sterben lernen? 13 – Das Leben ein Kampf 19 – Über die Todesfurcht 20 – Raum und Zeit 22 – Zur Definition des Todes 23

Aus: Ueber den Tod und sein Verhältniß zur Unzerstörbarkeit unsers Wesens an sich 27

Aus: Zur Lehre von der Unzerstörbarkeit unseres wahren Wesens durch den Tod 55

Anthologie 61
Tod und Philosophie 63 – Bewusstsein 65 – Intellekt 68 – Notwendigkeit des Todes 69 – Zeugung 70 – Geburt 72 – Jugend und Alter 74 – Ich und die Andern 77 – Schlaf 79 – Sünde und Schuld 80 – Todesfurcht 81 – Der gute Tod 83 – Sterben 85 – Fortdauer nach dem Tode 87 – Stichworte zum Tod 91

Anmerkungen zur Einleitung 95
Anmerkungen zum Text 98
Abgekürzt zitierte Werke 103

Die Menschen erwartet nach ihrem Tod,
was sie nicht hoffen noch glauben.
Heraklit

Ich weiß, daß der Augenblick des Todes
den Menschen und seine Pläne vernichtet
und daß alles in der Welt
den Gesetzen des Wandels unterliegt.
Friedrich der Große in seinem
Politischen Testament von 1752

Einleitung

Von Ernst Ziegler

Im letzten Kapitel seiner Einleitung zur Anthologie «Die Kunst, alt zu werden» dachte Franco Volpi über den Tod nach und schrieb:

«Natürlich gibt es das unerbittliche Uhrwerk der Zeit, die Härte des biologischen Verfalls, den *unus dies par omni*: den Tod, also den Tag, der, einzig demokratisch, wirklich für alle gleich ist. In der Jugend, wenn wir sozusagen den Berg des Lebens erklimmen, können wir ‹den Tod nicht sehn; weil er am Fuß der andern Seite des Berges liegt›. Wenn wir aber den Gipfel überschritten haben, ‹dann werden wir den Tod, welchen wir bis dahin nur von Hörensagen kannten, wirklich ansichtig›. Sein Herannahen wird uns durch die Ermattung aller Kräfte des Organismus bewusst, jenen ziemlich traurigen Prozess des ‹Marasmus›, der trotzdem notwendig, sogar segensreich und heilsam ist: ‹Weil sonst der Tod zu schwer werden würde, dem es [das Schwinden aller Kräfte] vorarbeitet. Daher ist der größte Gewinn, den das Erreichen eines sehr hohen Alters bringt, die Euthanasie, das überaus leichte, durch keine Krankheit eingeleitete, von keiner Zuckung begleitete und gar nicht gefühlte Sterben.› Im Übrigen bleibt angesichts der Vergänglichkeit des Ganzen zu überlegen, ob ‹das Leben eine Sache sei, die es besser ist hinter sich, also vor sich zu haben›. So, wie auch der Ekklesiast lehrt: ‹Der Tag des Todes ist besser denn der Tag der Geburt.›

Die Schlußfolgerung unseres zähen Pessimisten – letztlich ein gut unterrichteter Optimist – ist ziemlich einfach: ‹Man muß nur hübsch alt werden; da giebt sich Alles.›»[1]

Wer sich mit dem Tod befasst und aus der riesigen Literatur zu Sterben und Tod eines oder zwei Werke auswählen müsste, würde wohl zur «Geschichte des Todes» (1978) von Philippe Ariès (1914–1984) und vielleicht zu Vladimir Jankélévitchs (1903–1985) Hauptwerk «Der Tod» (1977) greifen.[2]

Texte über Sterben und Tod bei Arthur Schopenhauer finden sich unter anderem in den Schopenhauer-Jahrbüchern: In jenem für das Jahr 1971 suchte Joachim Gerlach in seinem Beitrag «Was ist der Tod?» durch «eine Klärung der naturwissenschaftlichen Gegebenheiten zu einer philosophischen Begriffsbestimmung des Todes vorzudringen». Es schien Gerlach angemessen, «in der philosophischen Problematik des Todes von *Schopenhauer* auszugehen, der sich im Zusammenhang mit seinem Hauptwerk ganz besonders ausführlich damit beschäftigt hat».[3] – Im Schopenhauer-Jahrbuch 1988 veröffentlichte Alfred Schmidt einen «Funktext» mit dem Titel «Über Tod und Metaphysik bei Schopenhauer». Er unterstreicht die Bedeutung der «heiligen Texte Alt-Indiens» sowie von «Brahmanismus und Buddhismus» für Schopenhauer. Vom «Willen als dem Wesen an sich», der Lebenskraft, die wie die Naturkraft unberührt bleibt vom «Wechsel der Formen und Zustände», von der Bedeutung der Gegenwart, von Schopenhauers «atheistischer Metaphysik», die «keine Fortdauer der Person nach dem Tode» verspricht, ist die Rede.[4] – Im 86. Band finden sich «Zwei Aufsätze über Leben und Tod» von Stephan Atzert; der eine über «Sigmund Freuds *Jenseits des Lustprinzips*», der andere mit dem Titel «Arthur Schopenhauers *Transscendente Spekulation über die anscheinende Absichtlichkeit im Schicksal des Einzelnen*». Wir erfahren hier u. a., dass Freud «die Ähnlichkeit mit Schopenhauer» erwähnte: «Aber etwas anderes können wir uns nicht verhehlen», schrieb er, «daß wir unversehens in den Hafen der Philosophie Schopenhauers eingelaufen sind, für den ja der Tod ‹das eigentliche Resultat› und insofern der Zweck des Lebens ist […].»[5] – Helke Panknin-Schappert schrieb in ihrem Beitrag «Arthur Schopenhauer und die Paradoxie des Todes» im Jahrbuch 2006, das Kapitel «Ueber den Tod und sein Verhältniß zur Unzerstörbarkeit unsers Wesens an sich» sei von der Forschung wenig beachtet worden. Dabei sei die Auseinandersetzung mit dem Tod in Schopenhauers Gesamtwerk «von zentraler Bedeutung» und der Untergang des Leibes und damit verbunden auch der Tod «ein Schlüssel zum Verständnis der Philosophie Schopenhauers». In vier Kapiteln werden sodann die wichtigsten Gedanken und Fragen zum Thema Schopenhauer und der Tod behandelt: Das Phänomen des Todes als Ausdruck einer erkenntnistheoretischen Wahrheit: Die Welt als Vorstellung. Die Furcht vor dem Tod als Ausdruck einer metaphysischen Wahrheit: Die Welt als Wille. Die irreale Bedeutung des abstrakten Begriffs des Todes: Die wesenhafte Erkenntnis der reinen Gegenwart. Eine neue Einstellung gegenüber dem Tod als Ausdruck einer ethischen Wahrheit: Die Heiterkeit gegenüber dem Tod.[6]

Bei den erwähnten Texten handelt es sich um höchst gelehrte Abhandlungen, die einem breiten Leserkreis auch deshalb kaum zugänglich sind, weil die Schopenhauer-Jahrbücher eher der «strengen Wissenschaft», einem akademisch gebildeten Publikum, vorbehalten bleiben. Die vorliegende Anthologie kann und will damit nicht konkurrieren. Wir wollen den zahllosen Büchern über Sterben und Tod und vor allem über «das Leben nach dem Tode» keine weitere Betrachtung anfügen. Die Absicht ist weit bescheidener: Es soll das, was Arthur Schopenhauer über Sterben und Tod gedacht und geschrieben hat, in einer «volkstümlichen», leserfreundlichen und verständlichen Auswahl vorgelegt werden.

Heisst Philosophieren sterben lernen?

Vor mir liegt ein Büchlein, fünf Zentimeter breit, neun hoch und gut einen Zentimeter dick, mit dem Titel «Arthur Schopenhauer, Über den Tod» und auf dem Deckblatt die Bezeichnung «Feldpostausgabe». Dieses Bändchen wurde um 1915 im Hyperion-Verlag Berlin herausgegeben und enthält Kapitel 41 aus Schopenhauers Hauptwerk «Die Welt als Wille und Vorstellung» mit dem Titel «Ueber den Tod und sein Verhältniß zur Unzerstörbarkeit unsers Wesens an sich». Es ist unwahrscheinlich, dass der 1917 aus einem deutschen Gefangenenlager entflohene russische Sergeant Grischa diese «Feldpostausgabe» bei sich trug. Möglich wäre jedoch, dass Arnold Zweig (1887–1968), der den Roman «Der Streit um den Sergeanten Grischa» schrieb, das Büchlein dabei hatte, als er Armierungssoldat in Serbien und Verdun («Erziehung vor Verdun») und seit 1917 Schreiber und Zensor in der Presseabteilung Ober-Ost war; wir wissen es nicht. – Sicher ist, dass diese «Feldpostausgabe» ein ergreifendes Zeitdokument ist: ein Text Schopenhauers, der den Soldaten des Ersten Weltkriegs vermutlich hätte Trost und Hilfe sein sollen.

Während meiner Studienzeit starb ein junger Kommilitone nach langer Krankheit an Krebs. In einer Vorlesung gedachte der Philosophieprofessor dieses Studenten. Von seinem Nachruf hat mir damals der Satz «Philosophieren heißt sterben lernen» Eindruck gemacht und ist bis heute haften geblieben. Man hat dann zusammen Platons «Phaidon» gelesen: «Wenn die Seele sich rein losmacht und nichts vom Leibe mit sich nimmt, weil sie schon im Leben freiwillig nichts mit ihm gemein hatte, sondern ihn floh und in sich selbst gesammelt blieb, da sie immer um dieses Ziel bemüht war, was doch nichts anderes heißen will, als daß sie auf die rechte Weise philosophierte und sich in Wahrheit auf einen leichten Tod vorbereitete – oder hieße dies alles nicht, sich um den Tod bemühen?»[7]

In Ciceros «Gespräche in Tusculum» lesen wir, das ganze Leben der Philosophen sei ja «eine Bekümmerung um den Tod» (commentatio mortis), und Seneca schrieb in «Über die Kürze des Lebens»: «Das ganze Leben muß man sterben lernen.»[8] Michel de Montaigne überschrieb in seinen «Essais» ein Kapitel mit «Philosophieren heißt sterben lernen» (Que philosopher c'est apprendre à mourir).[9] Jankélévitch dagegen gab einem Abschnitt in seinem Buch über den Tod den Titel «Sterben lernt man nicht». Seine «einfache, ironische Wahrheit» lautet: «So also mag man es anstellen, wie man will: der Mensch wird stets überrumpelt werden; der Feind kommt immer dann, wenn man ihn nicht erwartet, und natürlich immer zu früh.» Und er schloss den Abschnitt mit der Feststellung: «auch den Glühendsten und Aufrichtigsten wird die Vorbereitung auf den Tod letztlich nichts nützen.»[10]

Für Arthur Schopenhauer ist es «das Wissen um den Tod, und neben diesem die Betrachtung des Leidens und der Noth des Lebens, was den stärksten Anstoß zum philosophischen Besinnen und zu metaphysischen Auslegungen der Welt giebt».[11] Wer philosophiert und sich ein Leben lang mit Schopenhauer beschäftigt hat, wird wie «jeder irgend vorzügliche Mensch» nach dem vierzigsten Jahre, «von einem gewissen Anfluge von Misanthropie schwerlich frei bleiben».[12] Nach Wilhelm Gwinner schien Schopenhauer die gefährlichste Periode des höhern Alters «die ersten siebziger Jahre zu sein; wenn diese glücklich überschritten wären, würden die nächsten zehn leichter erlebt».[13] Da nun die ersten siebzig Jahre glücklich vorübergegangen sind und der Tod das «eigentliche Resultat und insofern Zweck des Lebens» ist und wir unser Leben ansehen sollten «als ein vom Tode erhaltenes Darlehn», kann es nicht schaden, sich mit ihm eingehender zu befassen.[14]

Dabei geht es nicht darum, «über die Zeit, da man nicht mehr seyn wird, zu trauern», weil dies ebenso absurd wäre, wie wenn man über die Zeit klagen würde, «da man noch nicht gewesen» ist.[15] «Wir haben demnach nicht nach der Vergangenheit vor dem Leben, noch nach der Zukunft nach dem Tode zu forschen: vielmehr haben wir als die einzige Form, in welcher der Wille sich erscheint, die Gegenwart zu erkennen; sie wird ihm nicht entrinnen, aber er ihr wahrlich auch nicht.»[16]

Es gilt, durch nach-denken von Schopenhauers Gedanken über das Sterben und den Tod sowie durch eigenes Nachdenken sich ein Bild zu zeichnen von Sterben und Tod, um so vielleicht dereinst dem Tode ruhiger entgegengehen zu können. Dabei muss man sich bewusst sein, dass eine Beschäftigung mit dem Tod bei der gegenwärtigen Mentalität unserer Gesellschaft selbst im hohen Alter von siebzig Jahren eher ungewöhnlich sein dürfte – obwohl über den Tod noch nie so viel geredet und geschrieben wurde wie heutzutage. (Bezeichnenderweise befasst sich ein großer Teil dieser «Sterbe- und Todesliteratur» mit dem «Leben» nach dem Tode – worüber auch manches zu sagen wäre!)

Wer über den Tod nachdenkt, kann auch fragen, wieso er überhaupt lebt – und er findet eine Antwort bei Schopenhauer: «Wie wir in das Leben hineingelockt werden durch den ganz illusorischen Trieb zur Wollust; so werden wir darin festgehalten durch die gewiß eben so illusorische Furcht vor dem Tode.»[17]

Diese eher pessimistische Definition kann man einer optimistischeren Auffassung gegenüberstellen, der Lehre von der Seelenwanderung (Metempsychose) und der Wiedergeburt oder Wiederentstehung (Palingenese):

«Sehr wohl könnte man unterscheiden Metempsychose, als Uebergang der gesammten sogenannten Seele in einen andern Leib, – und Palingenesie, als Zersetzung und Neubildung des Individui, indem allein sein Wille beharrt und, die Gestalt eines neuen Wesens annehmend, einen neuen Intellekt erhält [...] daß es im Buddhaismus, in Hinsicht auf die Fortdauer nach dem Tode, eine exoterische und eine esoterische Lehre giebt: erstere ist eben die Metempsychose, wie im Brahmanismus, letztere ist eine viel schwerer faßliche Palingenesie, die in großer Uebereinstimmung steht mit meiner Lehre vom metaphysischen Bestande des Willens, bei der bloß physischen Beschaffenheit und dieser entsprechender Vergänglichkeit des Intellekts.»[18] Vielleicht, könnte man glauben, musste oder wollte meine «Seele» oder mein «Wille» in das Leben «hineingelockt», hineingestoßen werden – meinetwegen vermittelst der Wollust?

Nach Schopenhauer enthalten selbst die Grundansichten des Materialismus und Naturalismus die Aussage, «daß das lebende Wesen durch den Tod keine absolute Vernichtung erleidet, sondern in und mit dem Ganzen der Natur fortbesteht».[19]

Als Agnostiker ist man gerne bereit, solche Spekulationen den Wissenden und Glaubenden zu überlassen und sich an den Rat Immanuel Kants zu halten, der in seiner Schrift «Träume eines Geistersehers, erläutert durch Träume der Metaphysik» schrieb: «Es war auch die menschliche Vernunft nicht gnugsam dazu beflügelt, daß sie so hohe Wolken teilen sollte, die uns die Geheimnisse der andern Welt aus den Augen ziehen, und denen Wißbegierigen, die sich nach derselben so angelegentlich erkundigen, kann man den einfältigen aber sehr natürlichen Bescheid geben: daß es wohl am ratsamsten sei, wenn sie sich zu gedulden beliebten, bis sie werden dahin kommen. Da aber unser Schicksal in der künftigen Welt vermutlich sehr darauf ankommen mag, wie wir unsern Posten in der gegenwärtigen verwaltet haben, so schließe ich mit demjenigen, was Voltaire seinen ehrlichen Candide, nach so viel unnützen Schulstreitigkeiten, zum Beschlusse sagen läßt: Laßt uns unser Glück besorgen, in den Garten gehen, und arbeiten.»[20]

Sicher ist, dass im Leben alles nur einen Augenblick weilt und dem Tode zueilt.[21] Obwohl wir das wissen und in lichten Augenblicken auch schon den Tod betrachtet haben «wie das Winken der Augen, welches das Sehen nicht unterbricht», blickt jeder auf seinen eigenen Tod «als auf der Welt Ende».[22]

Wir Menschen kennen «kein höheres Würfelspiel, als das um Tod und Leben», und «jeder Entscheidung über diese sehen wir mit der äußersten Spannung, Theilnahme und Furcht entgegen».[23] In unseren Augen gilt das Leben alles. Die Natur hingegen gibt «das Leben jedes Thieres, und auch des Menschen, den unbedeutendesten Zufällen Preis», und an Leben oder Tod des Individuums ist ihr gar nichts gelegen.[24] Im Gegensatz zum Menschen, der «in abstrakten Begriffen die Gewißheit seines Todes» mit sich herumträgt, lernt das Tier den Tod erst im Tode kennen. Der Mensch jedoch geht «mit Bewußtseyn in jeder Stunde seinem Tode näher, und dies macht selbst Dem das Leben bisweilen bedenklich, der nicht schon am ganzen Leben selbst diesen Charakter der steten Vernichtung erkannt hat».[25] Erst «beim Eintritt der Vernunft, also im Menschen», kommt die Besinnung; nur er steht dem Tode mit Bewusstsein gegenüber, und neben der Endlichkeit allen Daseins drängt sich dem Menschen auch die Vergeblichkeit allen Strebens mehr oder minder auf.[26] «Und daß es mit dem Tode Ernst sei, ließe sich schon daraus abnehmen, daß es mit dem Leben, wie Jeder weiß, kein Spaaß ist.»[27]

Das Leben ein Kampf

Was ist es nun aber, das die Menschen in diesem «so mühsäligen Kampfe» ausharren lässt?[28] Ob tatsächlich das Leben der Allermeisten «nur ein steter Kampf» um die Existenz ist, «mit der Gewißheit ihn zuletzt zu verlieren», ist fraglich.[29] Gewiss ist für viele Menschen das Leben ein Kampf; aber ein großer Teil davon merkt das gar nicht, weil sie vor lauter Kampf – Arbeit und Freizeit – gar nicht zur Besinnung kommen.[30] Gemäß Schopenhauers pessimistischer Ansicht ist das Leben nicht bloß ein Kampf, sondern zudem «ein stetes Leiden», ein Geschäft, «welches die Kosten nicht deckt».[31] Dennoch leben die Allermeisten lieber sehr schlecht als gar nicht, weil das Lebenwollen etwas ist, «das sich von selbst versteht».[32] Die Begründung Schopenhauers – der übrigens gar nicht so schlecht lebte – lautete kurz und bündig: «Wir selbst sind der Wille zum Leben: daher müssen wir leben, gut oder schlecht.»[33] Neben jenen, die schlecht leben, gibt es – Pessimismus hin oder her – die, welche gut und gerne leben; sie fassen das Leben nicht nur als ein «fortdauernd gehemmtes Sterben», als einen «immer aufgeschobenen Tod» auf, sondern für sie ist dieses Leben alles, und fröhlich singen sie das «Gaudeamus igitur».[34] Wer dieser Ansicht ist, kommt in der Regel auch nicht zur Besinnung, weil ihm die Zeit zum Nachdenken fehlt und er das Leben genießen muss.

Über die Todesfurcht

Für Menschen, die sich abmühend durchs Leben kämpfen müssen und für jene, die genießend hindurchgehen dürfen, ist es aber weniger «die Liebe zum Leben, als die Furcht vor dem Tode, der jedoch als unausweichbar im Hintergrunde steht und jeden Augenblick herantreten kann», die sie im Leben ausharren lässt.[35] Denn allem Lebenden ist eine «überschwängliche Todesfurcht» eigen, gewissermaßen angeboren, und mehr als alles Leiden fürchten wir den Tod.[36] Seltsamerweise aber ängstigt die Gewissheit des sicheren Todes den Menschen nur in

Augenblicken, «wo ein Anlaß sie der Phantasie vergegenwärtigt».[37] Der Gedanke des gewissen und nie fernen Todes beunruhigt uns nicht weiter; jeder lebt dahin, «als müsse er ewig leben; was so weit geht, daß sich sagen ließe, keiner habe eine eigentlich lebendige Ueberzeugung von der Gewißheit seines Todes».[38] Und das ist auch gut so!

Und nun fragen wir, was in uns es ist, das den Tod fürchtet. Nach Schopenhauers Lehre zerfällt unser Wesen in einen wollenden und einen erkennenden Teil, in Wille und Intellekt, in Herz und Kopf.[39] – Der Wille ist unvergänglich und unzerstörbar, denn «sein Streben nach Daseyn und Manifestation, woraus die Welt hervorgeht, wird stets erfüllt».[40] Der Wille ist «unser wahres Selbst, der Kern unsers Wesens», das nichts anderes kennt «als wollen und nichtwollen, zufrieden und unzufrieden seyn, mit allen Modifikationen der Sache, die man Gefühle, Affekte und Leidenschaften nennt».[41] Wie immer auch dieses «wahre Selbst» oder «der Kern unseres Wesens» bezeichnet wird, sie gehen im Tode nicht unter, sondern bleiben unversehrt.[42] – Vom Tode betroffen wird dagegen das erkennende Ich, das erkennende, individuelle Bewusstsein; es überlebt nicht, geht im Tode unter. Der Intellekt ist der zerstörbare Teil unseres Wesens. Doch: «Im Herzen steckt der Mensch, nicht im Kopf.»[43] Seltsamerweise soll nun aber nicht der Kopf, der Intellekt, es sein, der in uns «den Tod zu fürchten fähig ist und ihn auch allein fürchtet», sondern ausgerechnet das Herz, der Wille. Die Todesfurcht beruht einerseits darauf, «daß der individuelle Wille so ungern sich von seinem, durch den Naturlauf ihm zugefallenen Intellekt, trennt, von seinem Führer und Wächter, ohne den er sich hülflos und blind weiß».[44] Er ist es, der im Todesangst leidenden Individuum verzagt, indem er der Täuschung unterliegt, «daß seine Existenz auf die des jetzt sterbenden Wesens beschränkt sei: diese Täuschung gehört zu dem schweren Traum, in welchen er als Wille zum Leben verfallen ist.»[45] Die Todesfurcht kann auch zurückgeführt werden auf einen Mangel jener natürlichen und bloß gefühlten Metaphysik, «vermöge welcher der Mensch die Gewißheit in sich trägt, daß er in Allen, ja in Allem, eben so wohl existirt, wie in seiner eigenen Person, deren Tod ihm daher wenig anhaben kann».[46]

Raum und Zeit

Die erwähnte Täuschung und die fehlende Einsicht, dass wir in Allen «Eins und Dasselbe», identisch sind, werden durch Raum und Zeit hervorgebracht, die Schopenhauer «mit einem aus der alten eigentlichen Scholastik entlehnten Ausdruck» das principium individuationis nennt.[47] Raum und Zeit machen die Vielheit des Gleichartigen möglich; sie sind es, «mittelst welcher das dem Wesen und dem Begriff nach Gleiche und Eine doch als verschieden, als Vielheit neben und nach einander erscheint».[48] Raum und Zeit sind «die Formen unsers eigenen Anschauungsvermögens, gehören diesem, nicht den dadurch erkannten Dingen an, können also nimmermehr eine Bestimmung der Dinge an sich selbst seyn; sondern kommen nur der Erscheinung derselben zu, wie solche in unserm, an physiologische Bedingungen gebundenen Bewußtseyn der Außenwelt allein möglich ist».[49]

Diese Lehre, wonach «alle Vielheit nur scheinbar sei, daß in allen Individuen dieser Welt, in so unendlicher Zahl sie auch, nach und neben einander, sich darstellen, doch nur Eines und das selbe, in ihnen allen gegenwärtige und identische, wahrhaft seiende Wesen sich manifestire», ist nach Schopenhauer «von jeher dagewesen» (Veden, Upanischaden, Pythagoras, Eleatische Schule, Neu-Platoniker, Skotus Erigena, Jordanus Brunus, Spinoza, Kant, Schelling).[50]

Zur Definition des Todes

Auf diese allgemeinen philosophischen Betrachtungen kommt es weniger an als vielmehr auf die Fragen: Für was halten wir uns? Was sind wir denn? Man könne, schrieb Schopenhauer, «jeden Menschen aus zwei entgegengesetzten Gesichtspunkten betrachten»: Er ist einerseits «das zeitlich anfangende und endende, flüchtig vorübereilende Individuum», mit Fehlern und Schmerzen behaftet, und andererseits «das unzerstörbare Urwesen, welches in allem Daseyenden sich objektivirt» und sagen darf: Ich bin Alles, was war und ist und sein wird.[51]

Heilige Bücher und Philosophen aller Zeiten sagten und sagen es uns, und wir selber wissen es auch: Du bist alles und nichts! Der Philosoph Vladimir Jankélévitch schrieb in «Der Tod», für sich selbst sei der Mensch «ein auf der Welt einmaliges Schicksal und eine einmalige Biographie, ist eine absolut auf Einzigartigkeit angelegte Existenz» und «die Selbstheit der dahingegangenen Person bleibt ebenso unersetzlich wie das Dahinscheiden dieser Person an sich nicht zu kompensieren ist».[52] Alles bin ich als Individuum, für mich allein, auf mich selbst bezogen, eben als «Selbstheit» – nichts hinsichtlich der Welt, der Natur, der zahllos anderen Wesen, gemessen an Zeit und Raum. Diese simple Aussage – um nicht zu schreiben dieser Gemeinplatz – kann so interpretiert werden, dass im einen Fall (du bist alles) mit dem Tode auch alles endet und im andern (du bist nichts) wenig genug verloren geht – wenn denn tatsächlich überhaupt etwas endet oder verloren geht.

Dieses Zweifeln führt uns zurück zu Schopenhauer und seiner Lehre, dass «mein inneres Wesen an sich selbst» schon jetzt auch in andern Dasein lebt. Ich werde dessen aber wegen einer Täuschung, die mein Bewusstsein von dem der übrigen trennt, nicht inne.[53] Der Mensch ist nur als Erscheinung «von den übrigen Dingen der Welt verschieden». Nun ist er aber nicht bloß Erscheinung, sondern vor allem auch «Ding an sich»,

Wille, und der Wille ist es, «der in Allem erscheint».[54] Dieser Satz ist ein Punkt, wo sich Schopenhauers Philosophie mit dem Brahmanismus und dem Hinduismus trifft. Diese Täuschung, dieser Irrtum über mein eigenes Wesen, «ist die Maja des Brahmanismus».[55] «Gleichwie das zahllose Heer der Sterne allezeit über unserm Haupte leuchtet, aber uns erst sichtbar wird, wann die eine nahe Erdensonne untergegangen ist», überstrahlt meine individuelle Existenz, die der Sonne gleicht, alles und ist ein Hindernis für die Erkenntnis, «daß alle Vielheit nur ein trügerischer Schein, eine Maya, ist».[56] Nach Schopenhauer ist der Tod die Aufhebung dieser Täuschung, die Widerlegung dieses Irrtums, den er aufhebt: «Wir werden im Augenblicke des Sterbens inne, daß eine bloße Täuschung unser Daseyn auf unsere Person beschränkt hatte.»[57]

*****

Seit vielen Jahren arbeite ich an einem Text über den Tod bei Arthur Schopenhauer, wobei der Weg eigentlich das Ziel ist, d. h. es war nie vorgesehen, aus der reichen Materialsammlung eine Auswahl besonders schöner und eindrücklicher Stellen zum großen Thema Tod zu veröffentlichen. Dass dies möglich wurde, verdanke ich Franco Volpi (†) und Raimund Bezold vom Verlag C.H.Beck; Monika Rüegger danke ich für die sorgfältige Reinschrift meines Manuskripts.

Ueber den Tod und sein Verhältniß zur Unzerstörbarkeit unsers Wesens an sich[1]

Der Tod ist der eigentliche inspirirende Genius oder der Musaget der Philosophie, weshalb Sokrates diese auch *thanatou meletē* [Vorbereitung auf den Tod] definirt hat. Schwerlich sogar würde, auch ohne den Tod, philosophirt werden. Daher wird es ganz in der Ordnung seyn, daß eine specielle Betrachtung desselben hier an der Spitze des letzten, ernstesten und wichtigsten unserer Bücher ihre Stelle erhalte.

Das Thier lebt ohne eigentliche Kenntniß des Todes: daher genießt das thierische Individuum unmittelbar die ganze Unvergänglichkeit der Gattung, indem es sich seiner nur als endlos bewußt ist. Beim Menschen fand sich, mit der Vernunft, nothwendig die erschreckende Gewißheit des Todes ein. Wie aber durchgängig in der Natur jedem Uebel ein Heilmittel, oder wenigstens ein Ersatz beigegeben ist; so verhilft die selbe Reflexion, welche die Erkenntniß des Todes herbeiführte, auch zu metaphysischen Ansichten, die darüber trösten, und deren das Thier weder bedürftig noch fähig ist. Hauptsächlich auf diesen Zweck sind alle Religionen und philosophischen

Systeme gerichtet, sind also zunächst das von der reflektirenden Vernunft aus eigenen Mitteln hervorgebrachte Gegengift der Gewißheit des Todes. Der Grad jedoch, in welchem sie diesen Zweck erreichen, ist sehr verschieden, und allerdings wird eine Religion oder Philosophie viel mehr, als die andere, den Menschen befähigen, ruhigen Blickes dem Tod ins Angesicht zu sehen. Brahmanismus und Buddhaismus, die den Menschen lehren, sich als das Urwesen selbst, das Brahm, zu betrachten, welchem alles Entstehen und Vergehen wesentlich fremd ist, werden darin viel mehr leisten, als solche, welche ihn aus nichts gemacht seyn und seine, von einem Andern empfangene Existenz wirklich mit der Geburt anfangen lassen. Dem entsprechend finden wir in Indien eine Zuversicht und eine Verachtung des Todes, von der man in Europa keinen Begriff hat. Es ist in der That eine bedenkliche Sache, dem Menschen in dieser wichtigen Hinsicht schwache und unhaltbare Begriffe durch frühes Einprägen aufzuzwingen, und ihn dadurch zur Aufnahme der richtigeren und standhaltenden auf immer unfähig zu machen. Z. B. ihn lehren, daß er erst kürzlich aus Nichts geworden, folglich eine Ewigkeit hindurch Nichts gewesen sei und dennoch für die Zukunft unvergänglich seyn solle, ist gerade so, wie ihn lehren, daß er, obwohl durch und durch das Werk eines Andern, dennoch für sein Thun und Lassen in alle Ewigkeit verantwortlich seyn solle. Wenn nämlich dann, bei gereiftem Geiste und eingetretenem Nachdenken, das Unhaltbare solcher Lehren sich ihm aufdringt; so hat er nichts Besseres an ihre Stelle zu setzen, ja, ist nicht mehr fähig es zu verstehen, und geht dadurch des Trostes verlustig, den auch ihm die Natur, zum Ersatz für die Gewißheit des Todes bestimmt hatte. [...]

Nach Allem inzwischen, was über den Tod gelehrt worden, ist nicht zu leugnen, daß, wenigstens in Europa, die Meinung der Menschen, ja oft sogar des selben Individuums, gar häufig von Neuem hin und her schwankt zwischen der Auffassung des Todes als absoluter Vernichtung und der Annahme, daß wir gleichsam mit Haut und Haar unsterblich seien. Beides ist gleich falsch: allein wir haben nicht sowohl eine richtige Mitte zu treffen, als vielmehr den höhern Gesichtspunkt zu gewinnen, von welchem aus solche Ansichten von selbst wegfallen.

Ich will, bei diesen Betrachtungen, zuvörderst vom ganz empirischen Standpunkt ausgehen. – Da liegt uns zunächst die unleugbare Thatsache vor, daß, dem natürlichen Bewußtseyn gemäß, der Mensch nicht bloß für seine Person den Tod mehr als Andere fürchtet, sondern auch über den der Seinigen heftig weint, und zwar offenbar nicht egoistisch über seinen eigenen Verlust, sondern aus Mitleid, über das große Unglück, das Jene betroffen; daher er auch Den, welcher in solchem Falle nicht weint und keine Betrübniß zeigt, als hartherzig und lieblos tadelt. Diesem geht parallel, daß die Rachsucht, in ihren höchsten Graden, den Tod des Gegners sucht, als das größte Uebel, das sich verhängen läßt. – Meinungen wechseln nach Zeit und Ort: aber die Stimme der Natur bleibt sich stets und überall gleich, ist daher vor Allem zu beachten. Sie scheint nun hier deutlich auszusagen, daß der Tod ein großes Uebel sei. In der Sprache der Natur bedeutet Tod Vernichtung. Und daß es mit dem Tode Ernst sei, ließe sich schon daraus abnehmen, daß es mit dem Leben, wie Jeder weiß, kein Spaaß ist. Wir müssen wohl nichts Besseres, als diese Beiden, werth seyn.

In der That ist die Todesfurcht von aller Erkenntniß unabhängig: denn das Thier hat sie, obwohl es den Tod nicht kennt. Alles, was geboren wird, bringt sie schon mit auf die Welt. Diese Todesfurcht a priori ist aber eben nur die Kehrseite des Willens zum Leben, welcher wir Alle ja sind. Daher ist jedem Thiere, wie die Sorge für seine Erhaltung, so die Furcht vor seiner Zerstörung angeboren: diese also, und nicht das bloße Vermeiden des Schmerzes ist es, was sich in der ängstlichen Behutsamkeit zeigt, mit der das Thier sich und noch mehr seine Brut vor Jedem, der gefährlich werden könnte, sicher zu stellen sucht. Warum flieht das Thier, zittert und sucht sich zu verbergen? Weil es lauter Wille zum Leben, als solcher aber dem Tode verfallen ist und Zeit gewinnen möchte. Eben so ist, von Natur, der Mensch. Das größte der Uebel, das Schlimmste was überall gedroht werden kann, ist der Tod, die größte Angst Todesangst. [...]

Die Erkenntniß hingegen, weit entfernt der Ursprung jener Anhänglichkeit an das Leben zu seyn, wirkt ihr sogar entgegen, indem sie die Werthlosigkeit desselben aufdeckt und hiedurch die Todesfurcht bekämpft. – Wann sie nun siegt, und demnach der Mensch dem Tode muthig und gelassen entgegengeht; so wird dies als groß und edel geehrt: wir feiern also dann den Triumpf der Erkenntniß über den blinden Willen zum Leben, der doch der Kern unsers eigenen Wesens ist. Imgleichen verachten wir Den, in welchem die Erkenntniß in jenem Kampfe unterliegt, der daher dem Leben unbedingt anhängt, gegen den herannahenden Tod sich auf's Aeußerste sträubt und ihn verzweifelnd empfängt: und doch spricht sich in ihm nur das ursprüngliche Wesen unsers Selbst und der Natur aus. [...]

Wenn was uns den Tod so schrecklich erscheinen läßt der Gedanke des Nichtseyns wäre; so müßten wir mit gleichem Schauder der Zeit gedenken, da wir noch nicht waren. Denn es ist unumstößlich gewiß, daß das Nichtseyn nach dem Tode nicht verschieden seyn kann von dem vor der Geburt, folglich auch nicht beklagenswerther. Eine ganze Unendlichkeit ist abgelaufen, als wir noch nicht waren: aber das betrübt uns keineswegs. Hingegen, daß nach dem momentanen Intermezzo eines ephemeren Daseyns eine zweite Unendlichkeit folgen sollte, in der wir nicht mehr seyn werden, finden wir hart, ja unerträglich. Sollte nun dieser Durst nach Daseyn etwan dadurch entstanden seyn, daß wir es jetzt gekostet und so gar allerliebst gefunden hätten? Wie schon oben kurz erörtert: gewiß nicht; viel eher hätte die gemachte

Erfahrung eine unendliche Sehnsucht nach dem verlorenen Paradiese des Nichtseyns erwecken können. Auch wird der Hoffnung der Seelen-Unsterblichkeit allemal die einer «bessern Welt» angehängt, – ein Zeichen, daß die gegenwärtige nicht viel taugt. – Dieses allen ungeachtet ist die Frage nach unserm Zustande nach dem Tode gewiß zehntausend Mal öfter, in Büchern und mündlich, erörtert worden, als die nach unserm Zustande vor der Geburt. Theoretisch ist dennoch die eine ein eben so nahe liegendes und berechtigtes Problem, wie die andere: auch würde wer die eine beantwortet hätte mit der andern wohl gleichfalls im Klaren seyn. Schöne Deklamationen haben wir darüber, wie anstößig es wäre, zu denken, daß der Geist des Menschen, der die Welt umfaßt und so viele höchst vortreffliche Gedanken hat, mit ins Grab gesenkt würde: aber darüber, daß dieser Geist eine ganze Unendlichkeit habe verstreichen lassen, ehe er mit diesen seinen Eigenschaften entstanden sei, und die Welt eben so lange sich ohne ihn habe behelfen müssen, hört man nichts. Dennoch bietet der vom Willen unbestochenen Erkenntniß keine Frage sich natürlicher dar, als diese: eine unendliche Zeit ist vor meiner Geburt abgelaufen; was war ich alle jene Zeit hindurch? – Metaphysisch ließe sich vielleicht antworten: «Ich war immer Ich: nämlich Alle, die jene Zeit hindurch Ich sagten, die waren eben Ich.» Allein hievon sehen wir auf unserm, vor der Hand noch ganz empirischen Standpunkt ab und nehmen an, ich wäre gar nicht gewesen. Dann aber kann ich mich über die unendliche Zeit nach meinem Tode, da ich nicht seyn werde, trösten mit der unendlichen Zeit, da ich schon nicht gewesen bin, als einem wohl gewohnten und wahrlich sehr bequemen Zustande. Denn die Unendlichkeit a parte post [nach dem Leben] ohne mich kann so wenig schrecklich seyn, als die Unendlichkeit a parte ante [vor dem Leben] ohne mich; indem beide durch nichts sich unterscheiden, als durch die Dazwischenkunft eines ephemeren Lebenstraums. Auch lassen alle Beweise für die Fortdauer nach dem Tode sich eben so gut in partem ante wenden, wo sie dann das Daseyn vor dem Leben demonstriren, in dessen Annahme Hindu und Buddhaisten sich daher sehr konsequent beweisen. Kants Idealität der Zeit allein löst alle diese Räthsel: doch davon ist jetzt noch nicht die Rede. Soviel aber geht aus dem Gesagten hervor, daß über die Zeit, da man nicht mehr seyn wird, zu trauern, eben so absurd ist, als es seyn würde über die, da man noch nicht gewesen: denn es ist gleichgültig, ob die Zeit, welche unser Daseyn nicht füllt, zu der, welche es füllt, sich als Zukunft oder Vergangenheit verhalte.

Aber auch ganz abgesehen von diesen Zeitbetrachtungen, ist es an und für sich absurd, das Nichtseyn für ein Uebel zu halten; da jedes Uebel, wie jedes Gut, das Daseyn zur Voraussetzung hat, ja sogar das Bewußtseyn; dieses aber mit dem Leben aufhört, wie eben auch im Schlaf und in der Ohnmacht; daher uns die Abwesenheit desselben, als gar keine Uebel enthaltend, wohl bekannt und vertraut, ihr Eintritt aber jedenfalls Sache eines Augenblicks ist. [...]

Vom Standpunkt der Erkenntniß aus erscheint demnach durchaus kein Grund den Tod zu fürchten: im Erkennen aber besteht das Bewußtseyn; daher für dieses der Tod kein Uebel ist. Auch ist es wirklich nicht dieser erkennende Theil unsers Ichs, welcher den Tod fürchtet; sondern ganz allein vom blinden Willen geht die fuga mortis [Scheu vor dem Tod], von der alles Lebende erfüllt ist, aus. [...]

Derselben [der Quelle der Todesfurcht] entsprechend ist auch, was uns den Tod so furchtbar macht, nicht sowohl das Ende des Lebens, da dieses Keinem als des Regrettirens [Bedauerns] sonderlich werth erscheinen kann; als vielmehr die Zerstörung des Organismus: eigentlich, weil dieser der als Leib sich darstellende Wille selbst ist. Diese Zerstörung fühlen wir aber wirklich nur in den Uebeln der Krankheit, oder des Alters: hingegen der Tod selbst besteht, für das Subjekt, bloß in dem Augenblick, da das Bewußtseyn schwindet, indem die Thätigkeit des Gehirns stockt. Die hierauf folgende Verbreitung der Stockung auf alle übrigen Theile des Organismus ist eigentlich schon eine Begebenheit nach dem Tode. Der Tod, in subjektiver Hinsicht, betrifft also allein das Bewußtseyn. Was nun das Schwinden dieses sei, kann Jeder einigermaaßen aus dem Einschlafen beurtheilen: noch besser aber kennt es, wer je eine wahre Ohnmacht gehabt hat, als bei welcher der Uebergang nicht so allmälig, noch durch Träume vermittelt ist, sondern zuerst die Sehkraft, noch bei vollem Bewußtseyn, schwindet, und dann unmittelbar die tiefste Bewußtlosigkeit eintritt: die Empfindung dabei, so weit sie geht, ist nichts weniger als unangenehm, und ohne Zweifel ist, wie der Schlaf der Bruder, so die Ohnmacht der Zwillingsbruder des Todes. Auch der gewaltsame Tod kann nicht schmerzlich seyn; da selbst schwere Verwundungen in der Regel gar nicht gefühlt, sondern erst eine Weile nachher, oft nur an ihren äußerlichen Zeichen bemerkt werden: sind sie schnell tödtlich; so wird das Bewußtseyn vor dieser Entdeckung schwinden: tödten sie später; so ist es wie bei andern Krankheiten. Auch alle Die, welche im Wasser, oder durch Kohlendampf, oder durch Hängen das Bewußtseyn verloren haben, sagen bekanntlich aus, daß es ohne Pein geschehen sei. Und nun endlich gar der eigentlich naturgemäße Tod, der durch das Alter, die Euthanasie, ist ein allmäliges Verschwinden und Verschweben aus dem Daseyn, auf unmerkliche Weise. Nach und nach erlöschen im Alter die Leidenschaften und Begierden, mit der Empfänglichkeit für ihre Gegenstände; die Affekte finden keine Anregung mehr: denn die vorstellende Kraft wird immer schwächer, ihre Bilder matter, die Eindrücke haften nicht mehr, gehen spurlos vorüber, die Tage rollen immer schneller, die Vorfälle verlieren ihre Bedeutsamkeit, Alles verblasst. Der Hochbetagte wankt umher, oder ruht in einem Winkel, nur noch ein Schatten, ein Gespenst seines ehemaligen Wesens. Was bleibt da dem Tode noch zu zerstören? [...]

Daraus ist zu schließen, daß das gänzliche Aufhören des Lebensprocesses für die treibende Kraft desselben eine wundersame Erleichterung seyn muß: vielleicht hat diese Antheil an dem Ausdruck süßer Zufriedenheit auf dem Gesichte der meisten Todten. Ueberhaupt mag der Augenblick des Sterbens dem des Erwachens aus einem schweren, alpgedrückten Traume ähnlich seyn.

Bis hierher hat sich uns ergeben, daß der Tod, so sehr er auch gefürchtet wird, doch eigenlich kein Uebel seyn könne. Oft aber erscheint er sogar als ein Gut, ein Erwünschtes, als Freund Hain. Alles, was auf unüberwindliche Hindernisse seines Daseyns, oder seiner Bestrebungen gestoßen ist, was an unheilbaren Krankheiten, oder an untröstlichem Grame leidet, – hat zur letzten, meistens sich ihm von selbst öffnenden Zuflucht die Rückkehr in den Schooß der Natur, aus welchem es, wie alles Andere auch, auf eine kurze Zeit heraufgetaucht war, verlockt durch die Hoffnung auf günstigere Bedingungen des Daseyns, als ihm geworden, und von wo aus ihm der selbe Weg stets offen bleibt. Jene Rückkehr ist die cessio bonorum [die Abtretung des gesamten Vermögens] des Lebenden. Jedoch wird sie auch hier erst nach einem physischen, oder moralischen Kampfe angetreten: so sehr sträubt Jedes sich, dahin zurückzugehen, von wo es so leicht und bereitwillig hervorkam, zu einem

Daseyn, welches so viele Leiden und so wenige Freuden zu bieten hat. [...]

Um so weniger also darf es uns in den Sinn kommen, das Aufhören des Lebens für die Vernichtung des belebenden Princips, mithin den Tod für den gänzlichen Untergang des Menschen zu halten. Weil der kräftige Arm, der, vor dreitausend Jahren, den Bogen des Odysseus spannte, nicht mehr ist, wird kein nachdenkender und wohlgeregelter Verstand die Kraft, welche in demselben so energisch wirkte, für gänzlich vernichtet halten, aber daher, bei fernerem Nachdenken, auch nicht annehmen, daß die Kraft, welche heute den Bogen spannt, erst mit diesem Arm zu existiren angefangen habe. Viel näher liegt der Gedanke, daß die Kraft, welche früher ein nunmehr entwichenes Leben aktuirte [bewegte], die selbe sei, welche in dem jetzt blühenden thätig ist: ja, dieser ist fast unabweisbar. [...]

Soweit also ließe sich schon die Unvergänglichkeit unsers eigentlichen Wesens sicher beweisen. Aber freilich wird dies den Ansprüchen, welche man an Beweise unsers Fortbestehens nach dem Tode zu machen gewohnt ist, nicht genügen, noch den Trost gewähren, den man von solchen erwartet. Indessen ist es immer etwas, und wer den Tod als seine absolute Vernichtung fürchtet, darf die völlige Gewißheit, daß das innerste Prinzip seines Lebens von demselben unberührt bleibt, nicht verschmähen. [...]

Die Betrachtungen, welche uns bis hierher geführt haben und an welche die ferneren Erörterungen sich knüpften, waren ausgegangen von der auffallenden Todesfurcht, welche alle lebenden Wesen erfüllt. Jetzt aber wollen wir den Standpunkt wechseln und ein Mal betrachten, wie, im Gegensatz der Einzelwesen, das Ganze der Natur sich hinsichtlich des Todes verhält; wobei wir jedoch immer noch auf dem empirischen Grund und Boden stehen bleiben.

Wir freilich kennen kein höheres Würfelspiel, als das um Tod und Leben: jeder Entscheidung über diese sehen wir mit der äußersten Spannung, Theilnahme und Furcht entgegen: denn es gilt, in unsern Augen, Alles in Allem. – Hingegen die Natur, welche doch nie lügt, sondern aufrichtig und offen ist, spricht über dieses Thema ganz anders, nämlich so, wie Krischna im Bhagavad-Gita. Ihre Aussage ist: an Tod oder Leben des Individuums ist gar nichts gelegen. Dieses nämlich drückt sie dadurch aus, daß sie das Leben jeden Thieres, und auch des Menschen, den unbedeutendesten Zufällen Preis giebt, ohne zu seiner Rettung einzutreten. – Betrachtet das Insekt auf eurem Wege: eine kleine, unbewußte Wendung eures Fußtrittes ist über sein Leben oder Tod entscheidend. Seht die Waldschnecke, ohne alle Mittel zur Flucht, zur Wehr, zur Täuschung, zum Verbergen, eine bereite Beute für Jeden. Seht den Fisch sorglos im noch offenen Netze spielen; den Frosch durch seine Trägheit von der Flucht, die ihn retten könnte, abgehalten; den Vogel, der den über ihm schwebenden Falken nicht gewahr wird; die Schaafe, welche der Wolf aus dem Busch ins Auge faßt und mustert. Diese Alle gehen, mit wenig Vorsicht ausgerüstet, arglos unter den Gefahren umher, die jeden Augenblick ihr Daseyn bedrohen. Indem nun also die Natur ihre so unaussprechlich künstlichen Organismen nicht nur der Raublust des Stärkeren, sondern auch dem blindesten Zufall und der Laune jedes Narren, und dem Muthwillen jedes Kindes, ohne Rückhalt Preis giebt, spricht sie aus, daß die Vernichtung dieser Individuen ihr gleichgültig sei, ihr nicht schade, gar nichts zu bedeuten habe, und daß, in jenen Fällen, die Wirkung so wenig auf sich habe, wie die Ursache. Sie sagt dies sehr deutlich aus, und sie lügt nie: nur kommentirt sie ihre Aussprüche nicht; vielmehr redet sie im lakonischen Stil der Orakel. Wenn nun die Allmutter so sorglos ihre Kinder tausend drohenden Gefahren, ohne Obhut, entgegensendet; so kann es nur seyn, weil sie weiß, daß wenn sie fallen, sie in ihren Schooß zurückfallen, wo sie geborgen sind, daher ihr Fall nur ein Scherz ist. Sie hält es mit dem Menschen nicht anders, als mit den Thieren. Ihre Aussage also erstreckt sich auch auf diesen: Leben oder Tod des Individuums sind ihr gleichgültig. Demzufolge sollten sie es, in gewissem Sinne auch uns seyn: denn wir selbst sind ja die Natur. Gewiß würden wir, wenn wir nur tief genug sähen, der Natur beistimmen und Tod oder Leben als so gleichgültig ansehen, wie sie. Inzwischen müssen wir, mittels der Reflexion, jene Sorglosigkeit und Gleichgültigkeit der Natur gegen das Leben der Individuen dahin auslegen, daß die Zerstörung einer solchen Erscheinung das wahre und eigentliche Wesen derselben im Mindesten nicht anficht. [...]

Ich sage, eine unmittelbare, intuitive Ueberzeugung der Art, wie ich sie hier mit Worten zu umschreiben gesucht habe, wird sich Jedem aufdringen: d. h. freilich nur Jedem, dessen Geist nicht von der ganz gemeinen Gattung ist, als welche, schlechterdings nur das Einzelne, ganz und gar als solches, zu erkennen fähig, streng auf Erkenntniß der Individuen beschränkt ist, nach Art des thierischen Intellekts. Wer hingegen, durch eine nur etwas höher potenzirte Fähigkeit, auch bloß anfängt, in den Einzelwesen ihr Allgemeines, ihre Ideen, zu erblikken, der wird auch jener Ueberzeugung in gewissem Grade theilhaft werden, und zwar als einer unmittelbaren und darum gewissen. In der That sind es auch nur die kleinen, beschränkten Köpfe, welche ganz ernstlich den Tod als ihre Vernichtung fürchten: aber vollends von den entschieden Bevorzugten bleiben solche Schrecken gänzlich fern. [...]

Setzen wir inzwischen unsere objektive und unbefangene Betrachtung der Natur noch weiter fort. – Wenn ich ein Thier, sei es ein Hund, ein Vogel, ein Frosch, ja sei es auch nur ein Insekt, tödte; so ist es eigentlich doch undenkbar, daß dieses Wesen, oder vielmehr die Urkraft, vermöge welcher eine so bewunderungswürdige Erscheinung, noch den Augenblick vorher, sich in ihrer vollen Energie und Lebenslust darstellte, durch meinen boshaften, oder leichtsinnigen Art zu Nichts geworden seyn sollte. – Und wieder andererseits, die Millionen Thiere jeglicher Art, welche jeden Augenblick, in unendlicher Mannigfaltigkeit, voll Kraft und Strebsamkeit ins Daseyn treten, können nimmermehr vor dem Akt ihrer Zeugung gar nichts gewesen und von nichts zu einem absoluten Anfang gelangt seyn. – Sehe ich nun auf diese Weise Eines sich meinem Blicke entziehen, ohne daß ich je erfahre, wohin es gehe; und ein Anderes hervortreten, ohne daß ich je erfahre, woher es komme; haben dazu noch Beide die selbe Gestalt, das selbe Wesen, den selben Charakter, nur allein nicht die selbe Materie, welche jedoch sie auch während ihres Daseyns fortwährend abwerfen und erneuern; – so liegt doch wahrlich die Annahme, daß Das, was verschwindet, und Das, was an seine Stelle tritt, Eines und dasselbe Wesen sei, welches nur eine kleine Veränderung, eine Erneuerung der Form seines Daseyns, erfahren hat, und daß mithin was der Schlaf für das Individuum ist, der Tod für die Gattung sei; – diese Annahme, sage ich, liegt so nahe, daß es unmöglich ist, nicht auf sie zu gerathen, wenn nicht der Kopf, in früher Jugend, durch Einprägung falscher Grundansichten verschroben, ihr, mit abergläubischer Furcht, schon von Weitem aus dem Wege eilt. Die entgegengesetzte Annahme aber, daß die Geburt eines Thieres eine Entstehung aus nichts, und dem entsprechend sein Tod seine absolute Vernichtung sei, und Dies noch mit der Zugabe, daß der Mensch, eben so aus nichts geworden, dennoch eine individuelle, endlose Fortdauer und zwar mit Bewußtseyn habe, während der Hund, der Affe, der Elephant durch den Tod vernichtet würden, – ist denn doch wohl etwas, wogegen der gesunde Sinn sich empören und es für absurd erklären muß. [...]

Wenn wir nun, nach diesen Betrachtungen, zu uns selbst und unserm Geschlechte zurückkehren und dann den Blick vorwärts, weit hinaus in die Zukunft werfen, die künftigen Generationen, mit den Millionen ihrer Individuen, in der fremden Gestalt ihrer Sitten und Trachten uns zu vergegenwärtigen suchen, dann aber mit der Frage dazwischenfahren: Woher werden diese Alle kommen? Wo sind sie jetzt? – Wo ist der reiche Schooß des weltenschwangeren Nichts, der sie noch birgt, die kommenden Geschlechter? – Wäre darauf nicht die lächelnde und wahre Antwort: Wo anders sollen sie seyn, als dort, wo allein das Reale stets war und seyn wird, in der Gegenwart und ihrem Inhalt, also bei Dir, dem bethörten Frager, der, in diesem Verkennen seines eigenen Wesens, dem Blatte am Baume gleicht, welches im Herbste welkend und im Begriff abzufallen, jammert über seinen Untergang und sich nicht trösten lassen will durch den Hinblick auf das frische Grün, welches im Frühling den Baum bekleiden wird, sondern klagend spricht: «Das bin ja Ich nicht! Das sind ganz andere Blätter!» – O thörichtes Blatt! Wohin willst du? Und woher sollen andere kommen? Wo ist das Nichts, dessen Schlund du fürchtest? – Erkenne doch dein eigenes Wesen, gerade Das, was vom Duft nach Daseyn so erfüllt ist, erkenne es wieder in der innern, geheimen, treibenden Kraft des Baumes, welche, stets eine und dieselbe in allen Generationen von Blättern, unberührt bleibt vom Entstehen und Vergehen. Und nun *hoiē per phyllōn geneē, toiēde kai andrōn* [gleich wie die Blätter am Baume, so sind die Geschlechter der Menschen, Homer: Ilias, VI, 146]. [...]

Die Pflanze und das Insekt sterben am Ende des Sommers, das Thier, der Mensch, nach wenig Jahren: der Tod mäht unermüdlich. Desungeachtet aber, ja, als ob dem ganz und gar nicht so wäre, ist jederzeit Alles da und an Ort und Stelle, eben als wenn Alles unvergänglich wäre. Jederzeit grünt und blüht die Pflanze, schwirrt das Insekt, steht Thier und Mensch in unverwüstlicher Jugend da, und die schon tausend Mal genossenen Kirschen haben wir jeden Sommer wieder vor uns. Auch die Völker stehen da, als unsterbliche Individuen; wenn sie gleich bisweilen die Namen wechseln: sogar ist ihr Thun, Treiben und Leiden allezeit das selbe; wenn gleich die Geschichte stets etwas Anderes zu erzählen vorgiebt: denn diese ist wie das Kaleidoskop, welches bei jeder Wendung eine neue Konfiguration zeigt, während wir eigentlich immer das Selbe vor Augen haben. Was also dringt sich unwiderstehlicher auf, als der Gedanke, daß jenes Entstehen und Vergehen nicht das eigentliche Wesen der Dinge treffe, sondern dieses davon unberührt bleibe, also unvergänglich sei, daher denn Alles und Jedes, was daseyn will, wirklich fortwährend und ohne Ende da ist. [...]

Von der Unzerstörbarkeit unsers wahren Wesens durch den Tod werden wir so lange falsche Begriffe haben, als wir uns nicht entschließen, sie zuvörderst an den Thieren zu studiren, sondern eine aparte Art derselben, unter dem prahlerischen Namen der Unsterblichkeit, uns allein anmaaßen. Diese Anmaaßung aber und die Beschränktheit der Ansicht, aus der sie hervorgeht, ist es ganz allein, weswegen die meisten Menschen sich so hartnäckig dagegen sträuben, die am Tage liegende Wahrheit anzuerkennen, daß wir, dem Wesentlichen nach und in der Hauptsache, das Selbe sind wie die Thiere; ja, daß sie vor jeder Andeutung unserer Verwandschaft mit diesen zurückbeben. Diese Verleugnung der Wahrheit aber ist es, welche mehr als alles Andere ihnen den Weg versperrt zur wirklichen Erkenntniß der Unzerstörbarkeit unsers Wesens. Denn wenn man etwas auf einem falschen Wege sucht; so hat man eben deshalb den rechten verlassen und wird auf jenem am Ende nie etwas Anderes erreichen, als späte Enttäuschung. Also frisch weg, nicht nach vorgefaßten Grillen, sondern an der Hand der Natur, die Wahrheit verfolgt! [...]

Nun ist der Tod das zeitliche Ende der zeitlichen Erscheinung: aber sobald wir die Zeit wegnehmen, giebt es gar kein Ende mehr und hat dies Wort alle Bedeutung verloren. Ich aber, hier auf dem objektiven Wege, bin jetzt bemüht, das Positive der Sache nachzuweisen, daß nämlich das Ding an sich von der Zeit und Dem, was nur durch sie möglich ist, dem Entstehen und Vergehen, unberührt bleibt, und daß die Erscheinungen in der Zeit sogar jenes rastlos flüchtige, dem Nichts zunächst stehende Daseyn nicht haben könnten, wenn nicht in ihnen ein Kern aus der Ewigkeit wäre. [...]

Die tiefe Ueberzeugung von unserer Unvertilgbarkeit durch den Tod, welche, wie auch die unausbleiblichen Gewissenssorgen bei Annäherung desselben bezeugen, Jeder im Grunde seines Herzens trägt, hängt durchaus an dem Bewußtseyn unserer Ursprünglichkeit und Ewigkeit; daher Spinoza sie so ausdrückt: sentimus, experimurque, nos aeternos esse [wir fühlen es und wir erfahren es, dass wir ewig sind]. Denn als unvergänglich kann ein vernünftiger Mensch sich nur denken, sofern er sich als anfangslos, als ewig, eigentlich als zeitlos denkt. Wer hingegen sich für aus Nichts geworden hält, muß auch denken, daß er wieder zu Nichts wird: denn daß eine Unendlichkeit verstrichen wäre, ehe er war, dann aber eine zweite angefangen habe, welche hindurch er nie aufhören wird zu seyn, ist ein monstroser Gedanke. Wirklich ist der solideste Grund für unsere Unvergänglichkeit der alte Satz: Ex nihilo nihil fit, et in nihilum nihil potest reverti [nichts wird aus nichts, und nichts kann wieder zu nichts werden]. [...]

Wenn also Betrachtungen dieser Art allerdings geeignet sind, die Ueberzeugung zu erwecken, daß in uns etwas ist, das der Tod nicht zerstören kann; so geschieht es doch nur mittels Erhebung auf einen Standpunkt, von welchem aus die Geburt nicht der Anfang unsers

Daseyns ist. Hieraus aber folgt, daß was als durch den Tod unzerstörbar dargethan wird, nicht eigentlich das Individuum ist, welches überdies durch die Zeugung entstanden und die Eigenschaften des Vaters und der Mutter an sich tragend, als eine bloße Differenz der Species sich darstellt, als solche aber nur endlich seyn kann. Wie, Dem entsprechend, das Individuum keine Erinnerung seines Daseyns vor seiner Geburt hat, so kann es von seinem jetzigen keine nach dem Tode haben. In das Bewußtseyn aber setzt Jeder sein Ich: dieses erscheint ihm daher als an die Individualität gebunden, mit welcher ohnehin alles Das untergeht, was ihm, als Diesem, eigenthümlich ist und ihn von den Andern unterscheidet. Seine Fortdauer ohne die Individualität wird ihm daher vom Fortbestehen der übrigen Wesen ununterscheidbar, und er sieht sein Ich versinken. Wer nun aber so sein Daseyn an die Identität des Bewußtseyns knüpft und daher für dieses eine endlose Fortdauer nach dem Tode verlangt, sollte bedenken, daß er eine solche jedenfalls nur um den Preis einer eben so endlosen Vergangenheit vor der Geburt erlangen kann. Denn da er von einem Daseyn vor der Geburt keine Erinnerung hat, sein Bewußtseyn also mit der Geburt anfängt, muß ihm diese für ein Hervorgehen seines Daseyns aus dem Nichts gelten. Dann aber erkauft er die unendliche Zeit seines Daseyns nach dem Tode für eine eben so lange vor der Geburt: wobei die Rechnung, ohne Profit für ihn, aufgeht. Ist hingegen das Daseyn, welches der Tod unberührt läßt, ein anderes, als das des individuellen Bewußtseyns; so muß es, eben so wie vom Tode, auch von der Geburt unabhängig seyn, und demnach in Beziehung auf dasselbe es gleich wahr seyn zu sagen: «ich werde stets seyn» und «ich bin stets gewesen»; welches dann doch zwei Unendlichkeiten für eine giebt. [...]

Nachdem nun aber durch den Tod ein individuelles Bewußtseyn ein Mal geendigt hat; wäre es da auch nur wünschenswerth, daß es wieder angefacht würde, um ins Endlose fortzubestehen? Sein Inhalt ist, dem größten Theile nach, ja meistens durchweg, nichts als ein Strom kleinlicher, irdischer, armsäliger Gedanken und endloser Sorgen: laßt diese doch endlich beruhigt werden! – Mit richtigem Sinne setzten daher die Alten auf ihre Grabsteine: securitati perpetuae [ewige Ruhe]; – oder bonae quieti [ruhe sanft]. Wollte man aber gar hier, wie so oft geschehen, Fortdauer des individuellen Bewußtseyns verlangen, um eine jenseitige Belohnung oder Bestrafung daran zu knüpfen; so würde es hiemit im Grunde nur auf die Vereinbarkeit der Tugend mit dem Egoismus abgesehen seyn. Diese Beiden aber werden sich nie umarmen: sie sind von Grund aus Entgegengesetzte. Wohlbegründet hingegen ist die unmittelbare Ueberzeugung, welche der Anblick edler Handlungen hervorruft, daß der Geist der Liebe, der Diesen seiner Feinde schonen, Jenen des zuvor nie Gesehenen sich mit Lebensgefahr annehmen heißt, nimmermehr verfliegen und zu Nichts werden kann. [...]

Auf den Menschen, als Erscheinung in der Zeit, ist der Begriff des Aufhörens allerdings anwendbar und die empirische Erkenntniß legt unverholen den Tod als das Ende dieses zeitlichen Daseyns dar. Das Ende der Person ist eben so real, wie es ihr Anfang war, und in eben dem Sinne, wie wir vor der Geburt nicht waren, werden wir nach dem Tode nicht mehr seyn. Jedoch kann durch den Tod nicht mehr aufgehoben werden, als durch die Geburt gesetzt war; also nicht Das, wodurch die Geburt allererst möglich geworden. In diesem Sinne ist natus et denatus [geboren und gestorben] ein schöner Ausdruck. Nun aber liefert die gesammte empirische Erkenntniß bloße Erscheinungen: nur diese daher werden von den zeitlichen Hergängen des Entstehens und Vergehens getroffen, nicht aber das Erscheinende, das Wesen an sich. Für dieses existirt der durch das Gehirn bedingte Gegensatz von Entstehen und Vergehen gar nicht, sondern hat hier Sinn und Bedeutung verloren. Dasselbe bleibt also unangefochten vom zeitlichen Ende einer zeitlichen Erscheinung und behält stets dasjenige Daseyn, auf welches die Begriffe von Anfang, Ende und Fortdauer nicht anwendbar sind. Dasselbe aber ist, so weit wir es verfolgen können, in jedem erscheinenden Wesen der Wille desselben: so auch im Menschen. Das Bewußtseyn hingegen besteht im Erkennen: dieses aber gehört, wie genugsam nachgewiesen, als Thätigkeit des Gehirns, mithin als Funktion des Organismus, der bloßen Erscheinung an, endigt daher mit dieser: der Wille allein, dessen Werk oder vielmehr Abbild der Leib war, ist das Unzerstörbare. Die strenge Unterscheidung des Willens von der Erkenntniß, nebst dem Primat des erstern, welche den Grundcharakter meiner Philosophie ausmacht, ist daher der alleinige Schlüssel zu dem sich auf mannigfaltige Weise kund gebenden und in jedem, sogar dem ganz rohen Bewußtseyn stets von Neuem aufsteigenden Widerspruch, daß der Tod unser Ende ist, und wir dennoch ewig und unzerstörbar seyn müssen, also dem sentimus, experimurque nos aeternos esse [wir fühlen es und wir erfahren es, dass wir ewig sind] des Spinoza. Alle Philosophen haben darin geirrt, daß sie das Metaphysische, das Unzerstörbare, das Ewige im Menschen in den Intellekt setzten: es liegt ausschließlich im Willen, der von jenem gänzlich verschieden und allein ursprünglich ist. [...]

Am Anfange dieses Kapitels habe ich auseinandergesetzt, daß die große Anhänglichkeit an das Leben, oder vielmehr die Furcht vor dem Tode, keineswegs aus der Erkenntniß entspringt, in welchem Fall sie das Resultat des erkannten Werthes des Lebens seyn würde; sondern daß jene Todesfurcht ihre Wurzel unmittelbar im Willen hat, aus dessen ursprünglichem Wesen, in welchem er ohne alle Erkenntniß, und daher blinder Wille zum Leben ist, sie hervorgeht. Wie wir in das Leben hineingelockt werden durch den ganz illusorischen Trieb zur Wollust; so werden wir darin festgehalten durch die gewiß eben so illusorische Furcht vor dem Tode. Beides entspringt unmittelbar aus dem Willen, der an sich erkenntnißlos ist. Wäre, umgekehrt, der Mensch ein bloß erkennendes Wesen; so müßte der Tod ihm nicht nur gleichgültig, sondern sogar willkommen seyn. Jetzt lehrt die Betrachtung, zu der wir hier gelangt sind, daß was vom Tode getroffen wird, bloß das erkennende Bewußtseyn ist, hingegen der Wille, sofern er das Ding an sich ist, welches jeder individuellen Erscheinung zum Grunde liegt, von allem auf Zeitbestimmungen Beruhenden frei, also auch unvergänglich ist. [...]

Hieraus nun folgt, daß Dasjenige in uns, was allein den Tod zu fürchten fähig ist und ihn auch allein fürchtet, der Wille, von ihm nicht getroffen wird; und daß hingegen was von ihm getroffen wird und wirklich untergeht, Das ist, was seiner Natur nach keiner Furcht, wie überhaupt keines Wollens oder Affektes, fähig, daher gegen Seyn und Nichtseyn gleichgültig ist, nämlich das bloße Subjekt der Erkenntniß, der Intellekt, dessen Daseyn in seiner Beziehung zur Welt der Vorstellung, d. h. der objektiven Welt besteht, deren Korrelat [Ergänzung] er ist und mit deren Daseyn das seinige im Grunde Eins ist. Wenngleich also nicht das individuelle Bewußtseyn den Tod überlebt; so überlebt ihn doch Das, was allein sich gegen ihn sträubt: der Wille. Hieraus erklärt sich auch der Widerspruch, daß die Philosophen, vom Standpunkt der Erkenntniß aus, allezeit mit treffenden Gründen bewiesen haben, der Tod sei kein Uebel; die Todesfurcht jedoch dem Allen unzugänglich bleibt: weil sie eben nicht in der Erkenntniß, sondern allein im Willen wurzelt. Eben daher, daß nur der Wille, nicht aber der Intellekt das Unzerstörbare ist, kommt es auch, daß alle Religionen und Philosophien allein den Tugenden des Willens, oder Herzens, einen Lohn in der Ewigkeit zuerkennen, nicht denen des Intellekts, oder Kopfes. [...]

Wann nun ein Individuum Todesangst empfindet; so hat man eigentlich das seltsame, ja, zu belächelnde Schauspiel, daß der Herr der Welten, welcher Alles mit seinem Wesen erfüllt, und durch welchen allein Alles was ist sein Daseyn hat, verzagt und unterzugehen befürchtet, zu versinken in den Abgrund des ewigen Nichts; – während, in Wahrheit, Alles von ihm voll ist und es keinen Ort giebt, wo er nicht wäre, kein Wesen, in welchem er nicht lebte; da das Daseyn nicht ihn trägt, sondern er das Daseyn. Dennoch ist er es, der im Todesangst leidenden Individuo verzagt, indem er der, durch das principium individuationis [Prinzip der Vereinzelung] hervorgebrachten Täuschung unterliegt, daß seine Existenz auf die des jetzt sterbenden Wesens beschränkt sei: diese Täuschung gehört zu dem schweren Traum, in welchen er als Wille zum Leben verfallen ist. Aber man könnte zu dem Sterbenden sagen: «Du hörst auf, etwas zu seyn, welches du besser gethan hättest, nie zu werden.»

Solange keine Verneinung jenes Willens eingetreten, ist was der Tod von uns übrig läßt der Keim und Kern eines ganz andern Daseyns, in welchem ein neues Individuum sich wiederfindet, so frisch und ursprünglich, daß es über sich selbst verwundert brütet. Daher der schwärmerische und träumerische Hang edler Jünglinge, zur Zeit wo dieses frische Bewußtseyn sich eben ganz entfaltet hat. Was für das Individuum der Schlaf, das ist für den Willen als Ding an sich der Tod. Er würde es nicht aushalten, eine Unendlichkeit hindurch das selbe Treiben und Leiden, ohne wahren Gewinn, fortzusetzen, wenn ihm Erinnerung und Individualität bliebe. Er wirft sie ab, dies ist der Lethe, und tritt, durch diesen Todesschlaf erfrischt und mit einem andern Intellekt ausgestattet, als ein neues Wesen wieder auf: «zu neuen Ufern lockt ein neuer Tag!» – [...]

Aber, in der That, wenn man, in begünstigten Augenblicken, das Thun und Treiben der Menschen, in der Realität, rein objektiv ins Auge faßt; so drängt sich Einem die intuitive Ueberzeugung auf, daß es nicht nur, den (Platonischen) Ideen nach, stets das selbe ist und bleibt, sondern auch, daß die gegenwärtige Generation, ihrem eigentlichen Kern nach, geradezu, und substantiell identisch ist mit jeder vor ihr dagewesenen. Es frägt sich nur, worin dieser Kern besteht: die Antwort, welche meine Lehre darauf giebt, ist bekannt. Die erwähnte intuitive Ueberzeugung kann man sich denken als dadurch entstehend, daß die Vervielfältigungsgläser, Zeit und Raum, momentan eine Intermittenz [Unterbrechung] ihrer Wirksamkeit erlitten. [...]

Der Tod ist die große Zurechtweisung, welche der Wille zum Leben, und näher der diesem wesentliche

Egoismus, durch den Lauf der Natur erhält; und er kann aufgefaßt werden als eine Strafe für unser Daseyn. Es ist die schmerzliche Lösung des Knotens, den die Zeugung mit Wollust geschürzt hatte, und die von außen eindringende, gewaltsame Zerstörung des Grundirrthums unsers Wesens: die große Enttäuschung. Wir sind im Grunde etwas, das nicht seyn sollte: darum hören wir auf zu seyn. – Der Egoismus besteht eigentlich darin, daß der Mensch alle Realität auf seine eigene Person beschränkt, indem er in dieser allein zu existiren wähnt, nicht in den andern. Der Tod belehrt ihn eines Bessern, indem er diese Person aufhebt, so daß das Wesen des Menschen, welches sein Wille ist, fortan nur in andern Individuen leben wird. [...]

Ueber dies Alles nun aber ist der Tod die große Gelegenheit, nicht mehr Ich zu seyn: wohl Dem, der sie benutzt. [...]

Das Sterben ist der Augenblick jener Befreiung von der Einseitigkeit einer Individualität, welche nicht den innersten Kern unsers Wesens ausmacht, vielmehr als eine Art Verirrung desselben zu denken ist: die wahre ursprüngliche Freiheit tritt wieder ein, in diesem Augenblick, welcher, im angegebenen Sinn, als eine restitutio in integrum [Wiedereinsetzung in den vorigen Stand] betrachtet werden kann. Der Friede und die Beruhigung auf dem Gesichte der meisten Todten scheint daher zu stammen. Ruhig und sanft ist, in der Regel, der Tod jedes guten Menschen: aber willig sterben, gern sterben, freudig sterben, ist das Vorrecht des Resignirten, Dessen, der den Willen zum Leben aufgiebt und verneint. Denn nur er will wirklich und nicht bloß scheinbar sterben, folglich braucht und verlangt er keine Fortdauer seiner Person. Das Daseyn, welches wir kennen, giebt er willig auf: was ihm statt dessen wird, ist in unsern Augen nichts; weil unser Daseyn, auf jenes bezogen, nichts ist. Der Buddhaistische Glaube nennt jenes Nirwana, d. h. Erloschen.

Zur Lehre von der Unzerstörbarkeit unseres wahren Wesens durch den Tod[2]

Wenn man, so im täglichen Umgange, von einem der vielen Leute, die Alles wissen möchten, aber nichts lernen wollen, über die Fortdauer nach dem Tode befragt wird, ist wohl die passendeste, auch zunächst richtigste Antwort: «nach deinem Tode wirst du seyn was du vor deiner Geburt warst».[3] Denn sie implicirt die Verkehrtheit der Forderung, daß die Art von Existenz, welche einen Anfang hat, ohne Ende seyn solle; zudem aber enthält sie die Andeutung, daß es wohl zweierlei Existenz und, dem entsprechend, zweierlei Nichts geben möge. – Imgleichen jedoch könnte man antworten: «was immer du nach deinem Tode seyn wirst, – und wäre es nichts, – wird dir alsdann eben so natürlich und angemessen seyn, wie es dir jetzt dein individuelles, organisches Daseyn ist: also hättest du höchstens den Augenblick des Uebergangs zu fürchten. Ja, da eine reifliche Erwägung der Sache das Resultat ergiebt, daß einem Daseyn, wie das unsrige, das gänzliche Nichtseyn vorzuziehn seyn würde; so kann der Gedanke des Aufhörens unsrer Existenz, oder einer Zeit, da wir nicht mehr wären, uns vernünftigerweise so wenig betrüben, wie der Gedanke, daß wir nie geworden wären. Da nun dieses Daseyn wesentlich ein persönliches ist, so ist demnach auch das Ende der Persönlichkeit nicht als ein Verlust anzusehn». [...]

Zu ewiger Fortdauer ist kein Individuum geeignet: es geht im Tode unter. Wir jedoch verlieren dabei nichts. Denn dem individuellen Daseyn liegt ein ganz anderes, dessen Aeußerung es ist, unter. Dieses kennt keine Zeit, also auch weder Fortdauer, noch Untergang.

Wenn wir uns ein Wesen denken, welches Alles erkennte, verstände und übersähe; so würde die Frage, ob wir nach dem Tode fortdauern, für dasselbe wahrscheinlich gar keinen Sinn haben; weil über unser jetziges zeitliches, individuelles Daseyn hinaus Fortdauern und Aufhören keine Bedeutung mehr hätten und ununterscheidbare Begriffe wären; wonach auf unser eigentliches und wahres Wesen, oder das in unsrer Erscheinung sich darstellende Ding an sich, weder der Begriff des Untergangs, noch der der Fortdauer Anwendung fände, da Diese aus der Zeit entlehnt sind, welche bloß die Form der Erscheinung ist. – Wir inzwischen können die Unzerstörbarkeit jenes Kerns unserer Erscheinung uns nur als eine Fortdauer desselben denken und zwar eigentlich nach dem Schema der Materie, als welche, unter allen Veränderungen der Formen, in der Zeit beharrt. [...]

In Wahrheit aber ist das beständige Entstehn neuer Wesen und Zunichtewerden der vorhandenen anzusehn als eine Illusion, hervorgebracht durch den Apparat zweier geschliffener Gläser (Gehirnfunktionen), durch die allein wir etwas sehn können: sie heißen Raum und Zeit, und in ihrer Wechseldurchdringung Kausalität. Denn Alles, was wir unter diesen Bedingungen wahrnehmen, ist bloße Erscheinung; nicht aber erkennen wir die Dinge, wie sie an sich selbst, d. h. unabhängig von unserer Wahrnehmung, seyn mögen. [...]

Dasjenige Daseyn, welches beim *Tode* des Individuums unbetheiligt bleibt, hat nicht Zeit und Raum zur Form: Alles für uns Reale erscheint aber in diesen: Daher also stellt der Tod sich uns als Vernichtung dar. [Senilia 142,4]

Jeder fühlt, daß er etwas Anderes ist, als ein von einem Andern einst aus Nichts geschaffenes Wesen. Daraus entsteht ihm die Zuversicht, daß der Tod wohl seinem Leben, jedoch nicht seinem Daseyn ein Ende machen kann. [...]

Wie kann man nur, beim Anblick *des Todes* eines Menschen, oder Thieres, vermeinen, hier werde ein Ding an sich selbst *zu nichts*? Daß vielmehr nur eine Erscheinung, in der Zeit, dieser Form aller Erscheinungen, ihr Ende finde, ohne daß das Ding an sich selbst dadurch angefochten werde, ist eine unmittelbare, intuitive Erkenntniß jedes Menschen; daher man es zu allen Zeiten, in den verschiedensten Formen und Ausdrücken, die aber alle, der Erscheinung entnommen, in ihrem eigentlichen Sinn, sich nur auf diese beziehn, auszusprechen bemüht gewesen ist. [Senilia 19,1] [...]

Das Leben kann, diesem Allen zufolge, allerdings angesehen werden als ein Traum, und der Tod als das Erwachen. Dann aber gehört die Persönlichkeit, das Individuum, dem träumenden und nicht dem wachen Bewußtseyn an; weshalb denn jenem der Tod sich als Vernichtung darstellt. Jedenfalls jedoch ist er, von diesem Gesichtspunkt aus, nicht zu betrachten als der Uebergang zu einem uns ganz neuen und fremden Zustande, vielmehr nur als der Rücktritt zu dem uns ursprünglich eigenen, als von welchem das Leben nur eine kurze Episode war.

Wenn inzwischen ein Philosoph etwan vermeinen sollte, er würde im Sterben einen ihm allein eigenen Trost, jedenfalls eine Diversion [Ablenkung, Zerstreuung], darin finden, daß dann ihm ein Problem sich löste, welches ihn so häufig beschäftigt hat; so wird es ihm vermuthlich gehn, wie Einem, dem, als er eben das Gesuchte zu finden im Begriff ist, die Laterne ausgeblasen wird.

Denn im Tode geht allerdings das Bewußtseyn unter; hingegen keineswegs Das, was bis dahin dasselbe hervorgebracht hatte. [...]

Auch wird, im tiefsten Innern, vielleicht eines Jeden, dann und wann ein Mal, ein Bewußtseyn sich spüren lassen, daß ihm doch eigentlich eine ganz andere Art von Existenz angemessen wäre und zukäme, als diese so unaussprechlich lumpige, zeitliche, individuelle, mit lauter Miseren beschäftigte; wobei er dann denkt, daß zu jener der Tod ihn zurückführen könnte.

Wenn wir jetzt, im Gegensatz zu dieser nach innen gerichteten Betrachtungsweise, wieder nach außen blikken und die sich uns darstellende Welt ganz objektiv auffassen; so erscheint uns allerdings der Tod als ein Uebergang ins Nichts; dagegen aber auch die Geburt als ein Hervorgehn aus dem Nichts. Das Eine wie das Andere kann jedoch nicht unbedingt wahr seyn, da es nur die Realität der Erscheinung hat. Auch ist, daß wir, in irgend einem Sinne, den Tod überleben sollten, immer noch kein größeres Wunder, als das der Zeugung, welches wir täglich vor Augen haben. Was stirbt geht dahin, wo alles Leben herkommt und auch das seine. [...] Von diesem Gesichtspunkt aus wäre unser Leben anzusehn als ein vom Tode erhaltenes Darlehn; der Schlaf wäre dann der tägliche Zins dieses Darlehns. Der Tod giebt sich unverholen kund als das Ende des Individuums, aber in diesem Individuum liegt der Keim zu einem neuen Wesen. Demnach nun also stirbt nichts von Allem, was da stirbt, für immer; aber auch Keines, das geboren wird, empfängt ein von Grund aus neues Daseyn. Das Sterbende geht unter: aber ein Keim bleibt übrig, aus welchem ein neues Wesen hervorgeht, welches jetzt ins Daseyn tritt, ohne zu wissen woher es kommt und weshalb es gerade ein solches ist, wie es ist. [...]

Wie aber auch immer, durch Zeugung und Tod, nebst sichtlicher Zusammensetzung der Individuen aus Willen und Intellekt, und nachmaliger Auflösung derselben, das Physische wunderlich und bedenklich walten mag; so ist doch das ihm zum Grunde liegende Metaphysische so ganz heterogener Wesenheit, daß es davon nicht angefochten wird und wir getrost seyn dürfen.

Man kann demnach jeden Menschen aus zwei entgegengesetzten Gesichtspunkten betrachten: aus dem einen ist er das zeitlich anfangende und endende, flüchtig vorübereilende Individuum, *skias onar* [eines Schattens Traum ist der Mensch], dazu mit Fehlern und Schmerzen schwer behaftet; – aus dem andern ist er das unzerstörbare Urwesen, welches in allem Daseyenden sich objektivirt und darf, als solches, wie das Isisbild zu Sais, sagen: *egō eimi pan to gegonos, kai on, kai esomenon* [ich bin Alles, was war und ist und sein wird]. – Freilich könnte ein solches Wesen etwas Besseres thun, als in einer Welt, wie diese ist, sich darzustellen. Denn es ist die Welt der Endlichkeit, des Leidens und des Todes. Was in ihr und aus ihr ist muß enden und sterben. Allein was nicht aus ihr ist und nicht aus ihr seyn will durchzuckt sie mit Allgewalt, wie ein Blitz, der nach oben schlägt, und kennt dann weder Zeit noch Tod. – Alle diese Gegensätze zu vereinen ist eigentlich das Thema der Philosophie.

Anthologie

Nach Welt-Anfang und Ende, Zustand vor und nach dem Tode u. s. w. fragen, worin der Zweck fast alles Philosophirens vor Kant bestand, und wozu uns allerdings die bloße Vernunft treibt: – dies ist das widersprechende Beginnen, das Ding an sich nach den Gesetzen der Erscheinung erkennen zu wollen: die Sonderung und Erkenntniß beider ist die wahre Philosophie.

Alle Mythen vom Zustande nach dem Tode, von Vergeltung und Strafe, alle Religionen, sind solche Versuche das Ding an sich nach den Gesetzen der Erscheinung zu konstruiren: nach einer solchen Konstruktion wäre die Welt eine Frucht deren dicke Schaale ihre ganze Masse ausmachte ohne Fleisch und Kern. So gut gemeint solche Mythen, ja zweckdienlich und ersprieslich sei seyn mögen; so sind sie doch für den Philosophen was chinesische Götzen dem Phidias wären. Und auch die Wahrheit hat ihre Rechte.[4]

Hingegen ist die hieraus entspringende philosophische Verwunderung im Einzelnen durch höhere Entwickelung der Intelligenz bedingt, überhaupt jedoch nicht durch diese allein; sondern ohne Zweifel ist es das Wissen um den Tod, und neben diesem die Betrachtung des Leidens und der Noth des Lebens, was den stärksten Anstoß zum philosophischen Besinnen und zu metaphysischen Auslegungen der Welt giebt.[5]

Zum Uebel gehört auch der Tod: das Böse aber ist bloß das Von-sich-auf-einen-Andern-schieben des jedesmaligen Uebels. Also, wie oben gesagt, das Böse, das Uebel und der Tod sind es, welche das philosophische Erstaunen qualifiziren und erhöhen: nicht bloß, daß die Welt vorhanden, sondern noch mehr, daß sie eine so trübsälige sei, ist das punctum pruriens [die juckende Stelle, das quälende Problem] der Metaphysik, das Problem, welches die Menschheit in eine Unruhe versetzt, die sich weder durch Skepticismus noch durch Kriticismus beschwichtigen läßt.[6]

Erst nachdem das innere Wesen der Natur (der Wille zum Leben in seiner Objektivation) sich durch die beiden Reiche der bewußtlosen Wesen und dann durch die lange und breite Reihe der Thiere, rüstig und wohlgemuth, gesteigert hat, gelangt es endlich, beim Eintritt der Vernunft, also im Menschen, zum ersten Male zur Besinnung: dann wundert es sich über seine eigenen Werke und frägt sich, was es selbst sei. Seine Verwunderung ist aber um so ernstlicher, als es hier zum ersten Male mit Bewußtseyn dem Tode gegenübersteht, und neben der Endlichkeit alles Daseyns auch die Vergeblichkeit alles Strebens sich ihm mehr oder minder aufdringt. Mit dieser Besinnung und dieser Verwunderung entsteht daher das dem Menschen allein eigene Bedürfniß einer Metaphysik.[7]

Das Thier lernt den Tod erst im Tode kennen: der Mensch geht mit Bewußtseyn in jeder Stunde seinem Tode näher, und dies macht selbst Dem das Leben bisweilen bedenklich, der nicht schon am ganzen Leben selbst diesen Charakter der steten Vernichtung erkannt hat. Hauptsächlich dieserhalb hat der Mensch Philosophien und Religionen: ob jedoch Dasjenige, was wir mit Recht an seinem Handeln über Alles hoch schätzen, das freiwillige Rechtthun und der Edelmuth der Gesinnung, je die Frucht einer jener beiden gewesen, ist ungewiß. Als sichere, ihnen allein angehörige Erzeugnisse beider und Produktionen der Vernunft auf diesem Wege stehen hingegen da die wunderlichsten, abenteuerlichsten Meinungen der Philosophen verschiedener Schulen, und die seltsamsten, bisweilen auch grausamen Gebräuche der Priester verschiedener Religionen.[8]

Daß in Kurzem die Würmer meinen Leib zernagen werden, ist ein Gedanke, den ich ertragen kann, – aber die Philosophie-Profeßoren meine Philosophie! – dabei schaudert's mich.[9]

Bewusstsein

Tod und Geburt sind die stete Auffrischung des Bewußtseyns des an sich end- und anfangslosen Willens, der allein gleichsam die Substanz des Daseyns ist (jede solche Auffrischung aber bringt eine neue Möglichkeit der Verneinung des Willens zum Leben). Das Bewußtseyn ist das Leben des Subjekts des Erkennens, oder des Gehirns, und der Tod dessen Ende. Daher ist das Bewußtseyn endlich, stets neu, jedesmal von vorne anfangend. Der Wille allein beharrt; aber auch ihm allein ist am Beharren gelegen: denn er ist der Wille zum Leben.[10]

Mit dem Tode geht demnach zwar das Bewußtseyn verloren, nicht aber Das, was das Bewußtseyn hervorbrachte und erhielt: das Leben erlischt, nicht aber mit ihm das Princip des Lebens, welches in ihm sich manifestirte.[11]

Da im Tode das erkennende Bewußtseyn augenfällig untergeht; so müssen sie entweder den Tod als Vernichtung des Menschen gelten lassen, wogegen unser Inneres sich auflehnt; oder sie müssen zu der Annahme einer Fortdauer des erkennenden Bewußtseyns greifen, zu welcher ein starker Glaube gehört, da Jedem seine eigene Erfahrung die durchgängige und gänzliche Abhängigkeit des erkennenden Bewußtseyns vom Gehirn sattsam bewiesen hat, und man eben so leicht eine Verdauung ohne Magen glauben kann, wie ein erkennendes Bewußtseyn ohne Gehirn.[12]

Die Quelle aller wahren Seeligkeit, alles sicheren und nicht auf losem Sande sondern unerschütterlichem Boden gebauten Trostes, (das bessre Bewußtseyn) ist ja für unser empirisches Bewußtseyn gänzlicher Untergang, Tod und Vernichtung: kein Wunder daß wir aus ihr keinen Trost schöpfen können so lange wir auf dem

Standpunkt des empirischen Bewußtseyns stehn, daß wir in dieses keinen Trost von dort herabtragen können (so wenig als wir eine Sommerstunde in den Winter hinübertragen, oder eine Schneeflocke in der heißen Stube bewahren, oder ein Stück eines schönen Traums in die Wirklichkeit bringen können oder so wenig die Töne einer Musik wenn sie ausgetönt hat eine Spur hinterlassen) sondern daß uns jenes bessre Bewußtseyn auf dem harten Boden des empirischen verläßt, und von uns weicht, (wie der Priester den Hinzurichtenden am Schafot verläßt): daher um jenem bessern Bewußtseyn treu zu seyn, wir diesem empirischen entsagen uns von ihm losreißen müssen.[13]

Daher ist also die Species die unmittelbarste Objektivation des Dinges an sich, d. i. des Willens zum Leben. Das innerste Wesen jedes Thieres, und auch des Menschen, liegt demgemäß in der Species: in dieser also wurzelt der sich so mächtig regende Wille zum Leben, nicht eigentlich im Individuo. Hingegen liegt in diesem allein das unmittelbare Bewußtseyn: deshalb wähnt es sich von der Gattung verschieden, und darum fürchtet es den Tod.[14]

Weil das Wesen an sich des Menschen, wie jeder Erscheinung, der Wille ist, hingegen der Intellekt nur etwas Hinzugekommenes gleichsam von Außen angeflogenes und zur Erscheinung Gehöriges ist; so wird hiedurch sehr begreiflich, wie zwar das Wesen an sich des Menschen ganz unberührt bleibt vom Tode, der nur mittelst der Zeit möglich ist und daher gänzlich zur Erscheinung gehört, dabei aber dennoch das Bewußtseyn durch den Tod erlischt, eben weil das Bewußtseyn in der Vorstellung überhaupt besteht, wie also keine Erinnerung über das individuelle Leben hinaus möglich ist.[15]

Intellekt

Da also das Bewußtseyn nicht unmittelbar dem Willen anhängt, sondern durch den Intellekt und dieser durch den Organismus bedingt ist; so bleibt kein Zweifel, daß durch den Tod das Bewußtseyn erlischt, – wie ja schon durch den Schlaf und jede Ohnmacht.[16]

Der Verlust des *Intellekts*, den durch den *Tod* der *Wille* erleidet, welcher der Kern der hier untergehenden Erscheinung und als Ding an sich unzerstörbar ist, – ist der *Lethe* eben dieses individuellen Willen's, ohne welchen nämlich er sich der vielen Erscheinungen erinnern würde, deren Kern er schon gewesen ist.[17]

Wenn wir nun, durch den Tod, den Intellekt einbüßen; so werden wir dadurch nur in den erkenntnißlosen Urzustand versetzt, der aber deshalb nicht ein schlechthin bewußtloser, vielmehr ein über jene Form erhabener seyn wird.[18]

Das wäre freilich allerliebst, wenn mit *dem Tode* nicht der Intellekt untergienge: da brächte man das Griechisch, was man in dieser Welt gelernt hat, ganz fertig in die andere mit.[19]

Beiläufig gesagt, mag die Todesfurcht zum Theil auch darauf beruhen, daß der individuelle Wille so ungern sich von seinem, durch den Naturlauf ihm zugefallenen Intellekt trennt, von seinem Führer und Wächter, ohne den er sich hülflos und blind weiß.[20]

Notwendigkeit des Todes

Die *Nothwendigkeit des Todes* ist zunächst daraus abzuleiten, daß der Mensch eine bloße Erscheinung, kein Ding an sich, also kein *ontōs on* [wirklich Seiendes], ist. Denn, wäre er dieses, so könnte er nicht vergehn. Daß aber nur in Erscheinungen dieser Art das ihnen zum Grunde liegende Ding an sich sich darstellen könne, ist eine Folge der Beschaffenheit deßelben.[21]

Denn über die unmittelbar nothwendigen und ganz allgemeinen Uebel, z. B. Nothwendigkeit des Alters und des Todes und vieler täglichen Unbequemlichkeiten, pflegen wir uns nicht zu betrüben.[22]

Der Mensch allein trägt in abstrakten Begriffen die Gewißheit seines Todes mit sich herum: diese kann ihn dennoch, was sehr seltsam ist, nur auf einzelne Augenblicke, wo ein Anlaß sie der Phantasie vergegenwärtigt, ängstigen. Gegen die mächtige Stimme der Natur vermag die Reflexion wenig. Auch in ihm, wie im Thiere, das nicht denkt, waltet als dauernder Zustand jene, aus dem innersten Bewußtseyn, daß er die Natur, die Welt selbst ist, entspringende Sicherheit vor, vermöge welcher keinen Menschen der Gedanke des gewissen und nie fernen Todes merklich beunruhigt, sondern jeder dahinlebt, als müsse er ewig leben.[23]

Zeugung

Da nun also das so unendlich wichtige Verständniß der Unzerstörbarkeit unsers wahren Wesens durch den Tod gänzlich auf dem Unterschiede zwischen Erscheinung und Ding an sich beruht, will ich eben diesen jetzt dadurch in das hellste Licht stellen, daß ich ihn am Gegentheil des Todes, also an der Entstehung der animalischen Wesen, d. i. der Zeugung, erläutere. Denn dieser mit dem Tode gleich geheimnißvolle Vorgang stellt uns den fundamentalen Gegensatz zwischen Erscheinung und Wesen an sich der Dinge, d. i. zwischen der Welt als Vorstellung und der Welt als Wille, wie auch die gänzliche Heterogeneität der Gesetze Beider, am unmittelbarsten vor Augen.[24]

Freilich wohl ist die Sache empirisch erklärlich: nämlich in dem Maaße, wie der Tod die Individuen vernichtete, brachte die Zeugung neue hervor.[25]

Die Zeugung ist das Gegengewicht und Widerspiel des Todes, ist der Sieg des Willens, also Wesens an sich, und seiner Form der zeitlosen Idee, über zeitliche Erscheinung und Materie.[26]

Den Tod hat jener Wille nicht zu fürchten, denn der Tod ist nur ein zum Leben Gehöriges, das seinen entgegengesetzten Pol hat in der Zeugung: innerhalb dieser Pole liegt das Leben. Daher, wer das Leben will, will auch den Tod.[27]

Die weiseste aller Mythologien, die Indische, drückt Dieses dadurch aus, daß sie gerade dem Gotte, welcher die Zerstörung, den Tod, symbolisirt (wie Brama, der sündigste und niedrigste Gott des Trimurtis, die Zeugung, Entstehung, und Wischnu die Erhaltung), daß sie, sage ich, gerade dem Schiwa, zugleich mit dem Halsband von Todtenköpfen, den Lingam [Phallus] zum Attribut giebt, dieses Symbol der Zeugung, welche also hier als Ausgleichung des Todes auftritt, wodurch angedeutet wird, daß Zeugung und Tod wesentliche Korrelate sind, die sich gegenseitig neutralisiren und aufheben.[28]

Andererseits ist die Exkretion [Ausscheidung], das stete Aushauchen und Abwerfen von Materie, das Selbe, was in erhöhter Potenz der Tod, der Gegensatz der Zeugung, ist. Wie wir nun hiebei allezeit zufrieden sind, die Form zu erhalten, ohne die abgeworfene Materie zu betrauern; so haben wir uns auf gleiche Weise zu verhalten, wenn im Tode das Selbe in erhöhter Potenz und im Ganzen geschieht, was täglich und stündlich im Einzelnen bei der Exkretion vor sich geht: wie wir beim erstern gleichgültig sind, sollten wir beim andern nicht zurückbeben.[29]

Der *Tod* sagt: du bist das Produkt eines Aktes, der nicht hätte seyn sollen: darum mußt du, ihn auszulöschen, sterben.[30]

Welch ein Abstand ist doch zwischen unserm Anfang und unserm Ende![31]

Geburt

Wer aber die Geburt des Menschen für dessen absoluten Anfang hält, dem muß der Tod das absolute Ende desselben seyn. Denn Beide sind was sie sind in gleichem Sinne: folglich kann Jeder sich nur insofern als unsterblich denken, als er sich auch als ungeboren denkt, und in gleichem Sinn. Was die Geburt ist, das ist, dem Wesen und der Bedeutung nach, auch der Tod; es ist die selbe Linie in zwei Richtungen beschrieben. Ist jene eine wirkliche Entstehung aus Nichts; so ist auch dieser eine wirkliche Vernichtung. In Wahrheit aber läßt sich nur mittelst der Ewigkeit unsers eigentlichen Wesens eine Unvergänglichkeit desselben denken, welche mithin keine zeitliche ist. Die Annahme, daß der Mensch aus Nichts geschaffen sei, führt nothwendig zu der, daß der Tod sein absolutes Ende sei.[32]

Geburt und Tod gehören auf gleiche Weise zum Leben und halten sich das Gleichgewicht als wechselseitige

Bedingungen von einander, oder, wenn man etwan den Ausdruck liebt, als Pole der gesammten Lebenserscheinung.[33]

Wohl sehen wir das Individuum entstehen und vergehen: aber das Individuum ist nur Erscheinung, ist nur da für die im Satz vom Grunde, dem principio individuationis [Zeit und Raum], befangene Erkenntniß: für diese freilich empfängt es sein Leben wie ein Geschenk, geht aus dem Nichts hervor, leidet dann durch den Tod den Verlust jenes Geschenks und geht ins Nichts zurück.[34]

Allein diese absurde Lehre wird nothwendig gemacht durch eine andere, ebenfalls rein theoretische Annahme, mit der sie genau zusammenhängt, nämlich durch diese, daß die Geburt des Menschen der absolute Anfang seines Daseyns sei, indem derselbe aus nichts geschaffen (ein terminus ad hoc) werde.[35]

Aber wahrlich, wenn mich ein Hochasiate früge, was Europa sei; so müßte ich ihm antworten: es ist der Welttheil, der gänzlich von dem unerhörten und unglaublichen Wahn besessen ist, daß die Geburt des Menschen sein absoluter Anfang und er aus dem Nichts hervorgegangen sei.[36]

Allerdings aber sind wir, gegen den periodisch zu entrichtenden Zoll, Geburt und Tod, immerwährend da, und genießen successiv alle Leiden und Freuden des Lebens; sodaß uns keine entgehen kann: dies eben ist die Frucht der Bejahung des Willens zum Leben.[37]

Wie sollte der Wille zum Leben diese leere, hohle und quaalvolle Existenz endlose Zeit hindurch aushalten, wenn nicht unabläßig *der Tod* und sein Bruder die Geburt jedem individuellem Willen *den Intellekt erneuerte* und so der *Lethe* wäre, der dem Ungenießbaren wenigstens die Monotonie benimmt, indem er das Millionen Mal Wiederholte stets als etwas Neues auftreten läßt?[38]

Jugend und Alter

Die Heiterkeit und der Lebensmuth unserer Jugend beruht zum Theil darauf, daß wir, bergauf gehend, den Tod nicht sehn; weil er am Fuß der andern Seite des Berges liegt. Haben wir aber den Gipfel überschritten, dann werden wir den Tod, welchen wir bis dahin nur von Hörensagen kannten, wirklich ansichtig, wodurch, da zu derselben Zeit die Lebenskraft zu ebben beginnt, auch der Lebensmuth sinkt; so daß jetzt ein trüber Ernst den jugendlichen Uebermuth verdrängt und auch dem Gesichte sich aufdrückt.[39]

Der Grundunterschied zwischen Jugend und Alter bleibt immer, daß jene das Leben im Prospekt hat, dieses den Tod; daß also jene eine kurze Vergangenheit und lange Zukunft besitzt; dieses umgekehrt. Das Leben in den Jahren des Alters gleicht dem fünften Akt eines Trauerspiels: man weiß, daß ein tragisches Ende nahe ist; aber man weiß noch nicht, welches es seyn wird. Allerdings hat man, wann man alt ist, nur noch den Tod vor sich; aber wann man jung ist, hat man das Leben vor sich; und es frägt sich, welches von Beiden bedenklicher sei und ob nicht, im Ganzen genommen, das Leben eine Sache sei, die es besser ist hinter sich, als vor sich zu haben: sagt doch schon Koheleth (7,2): «Der Tag des Todes ist besser, denn der Tag der Geburt.»[40]

Bei dem naturgemäßen Verlauf kommt im Alter das Absterben des Leibes dem Absterben des Willens entgegen. Die Sucht nach Genüssen verschwindet leicht mit der Fähigkeit zu denselben. Der Anlaß des heftigsten Wollens, der Brennpunkt des Willens, der Geschlechtstrieb, erlischt zuerst, wodurch der Mensch in einen Stand versetzt wird, der dem der Unschuld, die vor der Entwickelung des Genitalsystems da war, ähnlich ist. Die Illusionen, welche Chimären als höchst wünschenswerthe Güter darstellten, verschwinden, und an ihre Stelle tritt die Erkenntniß der Nichtigkeit aller irdischen Güter. Die Selbstsucht wird durch die Liebe zu den Kindern verdrängt, wodurch der Mensch schon anfängt mehr im fremden Ich zu leben, als im eigenen, welches nun bald nicht mehr seyn wird. Dieser Verlauf ist wenigstens der wünschenswerthe: es ist die Euthanasie des Willens.[41]

Der Tod ist nicht das bloße Aufhören des Lebens: er ist, in seinem Vorboten, dem Alter, das allmälige Untauglichwerden aller Theile des Organismus, unter zunehmenden Leiden, bis zur völligen Zerstörung desselben.

Dieser Organismus in seiner Blüthe ist aber der wahre reine Ausdruck des ganzen Willens dieses Lebenden. Alter und Tod, zu denen das Leben nothwendig hineilt, sind also das von selbst aus den Händen der Natur erfolgende Verdammungsurtheil über den Willen der sich im Leben manifestirt.[42]

Das Schwinden aller Kräfte im zunehmenden Alter, und immer mehr und mehr, ist allerdings sehr traurig: doch ist es nothwendig, ja wohlthätig; weil sonst der Tod zu schwer werden würde, dem es vorarbeitet. Daher ist der größte Gewinn, den das Erreichen eines sehr hohen Alters bringt, die Euthanasie [leichter Tod], das überaus leichte, durch keine Krankheit eingeleitete, von keiner Zuckung begleitete und gar nicht gefühlte Sterben.[43]

Der aber wird am wenigsten fürchten im Tode zu nichts zu werden, der erkannt hat, daß er schon jetzt nichts ist, und der mithin keinen Antheil mehr an seiner individuellen Erscheinung nimmt, indem in ihm die Erkenntniß den Willen gleichsam verbrannt und verzehrt hat, so daß kein Wille, also keine Sucht nach individualem Daseyn in ihm mehr übrig ist.[44]

Der Tod versöhnt den *Neid* ganz; das Alter schon halb.[45]

Auf seinen eigenen Tod blickt Jeder als auf der Welt Ende, während er den seiner Bekannten als eine ziemlich gleichgültige Sache vernimmt, wenn er nicht etwan persönlich dabei betheiligt ist.[46]

Doch läßt er vielleicht noch eine höhere Betrachtungsweise zu. Man könnte nämlich alle Todesfurcht zurückführen auf einen Mangel an derjenigen natürlichen, daher auch bloß gefühlten Metaphysik, vermöge welcher der Mensch die Gewißheit in sich trägt, daß er in Allen, ja in Allem, eben so wohl existirt, wie in seiner eigenen Person, deren Tod ihm daher wenig anhaben kann.[47]

Der tiefe Schmerz, beim Tode jedes befreundeten Wesens, entsteht aus dem Gefühle, daß in jedem Individuo etwas Unaussprechliches, ihm allein Eigenes und daher durchaus Unwiederbringliches liegt.[48]

Das *Leben* ist durchaus anzusehn als eine *strenge Lektion*, die uns ertheilt wird, wenn gleich wir, mit unsern auf ganz andre Zwecke angelegten Denkformen, nicht verstehn können, wie wir haben dazu kommen können, ihrer zu bedürfen. Demgemäß aber sollen wir auf unsre hingeschiedenen Freunde zurücksehn mit Befriedigung, erwägend, daß sie ihre Lektion überstanden haben, und mit dem herzlichen Wunsch, daß sie angeschlagen habe; und vom selben Gesichtspunkt aus sollen wir unserm eigenen Tode entgegen sehn, als einer erwünschten und erfreulichen Begebenheit; – statt, wie meistens geschieht, mit Zagen und Grausen.[49]

Das oben in Anregung gebrachte Wiedererkennen seines eigenen wahren Wesens in einem fremden, sich objektiv darstellenden Individuo tritt besonders schön und deutlich hervor in den Fällen, wo ein bereits rettungslos dem Tode anheimfallender Mensch noch mit ängstlicher Besorgniß und thätigem Eifer auf das Wohl und die Rettung Anderer bedacht ist.[50]

Es kann kommen, daß wir, sogar nach langer Zeit, *den Tod* unserer Feinde und Widersacher fast so sehr betrauern, als den unserer Freunde, – wann wir nämlich sie als Zeugen unserer glänzenden Erfolge vermißen.[51]

Wer *für sein Vaterland in den Tod* geht hat die Schwäche (Täuschung) überwunden, die das Daseyn auf die eigene Person beschränkt: er dehnt es aus auf den Menschenhaufen seines Vaterlandes (und dadurch auf die Species) in welchem (als der Species) er fortlebt: den Tod betrachtend wie das Winken der Augen, welches das Sehn nicht unterbricht, erkennt er sich selbst in den kommenden Geschlechtern wieder und weiß, daß er für sich wirkt, indem er sich für sie hinopfert.

Daßelbe geschieht eigentlich bei jedem Opfer, das man Andern bringt: man erweitert sein Daseyn auf die Gattung, – wenn auch vor der Hand nur auf ein Theil derselben, den man eben vor Augen hat.[52]

Die Einstellung der *animalischen Funktionen* ist der Schlaf; die der *organischen* der Tod.[53]

Jeder *Tag ist ein kleines Leben*, – jedes Erwachen und Aufstehn eine kleine Geburt, jeder frische Morgen eine kleine Jugend und jedes zu Bette gehn und Einschlafen ein kleiner Tod.[54]

So ist denn endlich auch das Einschlafen ein täglicher Tod und jedes Erwachen eine neue Geburt. Ja, um es ganz durchzuführen, könnte man die Unbequemlichkeit und Schwierigkeit des Aufstehns als die Geburtsschmerzen betrachten.[55]

Der *Schlaf* ist ein Stück *Tod*, welches wir anticipando [vorwegnehmend] borgen und dafür das durch einen Tag erschöpfte Leben wiedererhalten und erneuern. – Le sommeil est un emprunt fait à la mort [der Schlaf ist ein erborgtes Stück Tod]. – Der Schlaf borgt vom Tode zur Aufrechterhaltung des Lebens. – Oder: er *ist der einstweilige Zins* des Todes, welcher selbst die Kapitalabzahlung ist. Diese wird um so später eingefordert, je reichlichere Zinsen und je regelmäßiger sie gezahlt werden.[56]

Der Tod ist für sie [die Gattung], was der Schlaf für das Individuum, oder was für das Auge das Winken ist, an dessen Abwesenheit die Indischen Götter erkannt werden, wenn sie in Menschengestalt erscheinen. Wie durch den Eintritt der Nacht die Welt verschwindet, dabei jedoch keinen Augenblick zu seyn aufhört; eben so scheinbar vergeht Mensch und Thier durch den Tod, und eben so ungestört besteht dabei ihr wahres Wesen fort.[57]

Der tiefe Schlaf ist vom Tode, in welchen er oft, z. B. beim Erfrieren, ganz stetig übergeht, für die Gegenwart seiner Dauer, gar nicht verschieden, sondern nur für die Zukunft, nämlich in Hinsicht auf das Erwachen. Der Tod ist ein Schlaf, in welchem die Individualität vergessen wird: alles Andere erwacht wieder, oder vielmehr ist wach geblieben.[58]

Sünde und Schuld

Der rechte Maaßstab zur *Beurtheilung eines jeden Menschen* ist, daß er eigentlich ein Wesen sei, welches gar nicht existiren sollte, sondern sein Daseyn abbüßt durch vielgestaltetes Leiden und Tod: – was kann man von einem solchen erwarten? Sind wir denn nicht Alle zum Tode verurtheilte Sünder? Dies allegorisirt auch die *Erbsünde*.[59]

«Durch die Sünde ist der Tod in die Welt gekommen», sagt das Christenthum. Aber der Tod ist bloß der übertriebne, grelle, gellende, plumpe Ausdruck dessen was die Welt durch und durch ist. Also ist es wahrer zu sagen: die Welt ist durch die Sünde.[60]

Denn mit dem empirischen Bewußtsein ist nicht nur Sündhaftigkeit, sondern auch alle Uebel die aus diesem

Reich des Irrthums, des Zufalls, der Bosheit und Thorheit folgen, und endlich der Tod nothwendig gesezt: der Tod ist gleichsam eine durch das Leben kontrahirte [geforderte] Schuld, die andern minder gewiß bestimmten Uebel eben so [...]. Die Bibel und das Christenthum lassen daher mit Recht durch den Sündenfall den Tod in die Welt kommen und die Beschwerden und Noth des Lebens: (du sollst dein Brod im Schweiß deines Angesichts essen u. s. w.).[61]

Wir sind der Natur einen Tod schuldig, und denken mit Beklemmung an diese Schuld: ist das nicht ein Beweis daß unser Daseyn eine Schuld, ein Vergehn, ein Fehltritt ist?[62]

Wir kommen, wie die Kinder liederlicher Väter, schon verschuldet auf die Welt, und weil wir allezeit diese Schuld abverdienen müssen, ist unser Daseyn so elend und hat den Tod zum Finale.[63]

Todesfurcht

Wo nun solchermaaßen das Gefühl uns hülflos Preis giebt, kann jedoch die Vernunft eintreten und die widrigen Eindrücke desselben großentheils überwinden, indem sie uns auf einen höhern Standpunkt stellt, wo wir statt des Einzelnen nunmehr das Ganze im Auge haben. Darum könnte eine philosophische Erkenntniß des Wesens der Welt, die bis zu dem Punkt, auf welchem wir jetzt in unserer Betrachtung stehen, gekommen wäre, aber nicht weiter gienge, selbst schon auf diesem Standpunkte die Schrecken des Todes überwinden, in dem Maaß, als im gegebenen Individuum die Reflexion Macht hätte über das unmittelbare Gefühl.[64]

Was wir im Tode fürchten, ist keineswegs der Schmerz: denn theils liegt dieser offenbar diesseit des Todes; theils fliehen wir oft vor dem Schmerz zum Tode, eben so wohl als wir auch umgekehrt bisweilen den entsetzlichsten Schmerz übernehmen, um nur dem Tode, wiewohl er schnell und leicht wäre, noch eine Weile zu entgehen.[65]

Was sie aber in diesem so mühsäligen Kampfe ausdauern läßt, ist nicht sowohl die Liebe zum Leben, als die Furcht vor dem Tode, der jedoch als unausweichbar im Hintergrunde steht und jeden Augenblick herantreten kann.[66]

Wir schaudern vor dem Tode vielleicht hauptsächlich, weil er dasteht als die Finsterniß, aus der wir einst hervorgetreten und in die wir nun zurückfallen. Aber ich glaube, daß wann der Tod unsere Augen schließt, wir in einem Licht stehn, von welchem unser Sonnenlicht nur der Schatten ist.[67]

Hingegen, wie sollte Der den Tod fürchten, der sich als das ursprüngliche und ewige Wesen, die Quelle alles Daseyns selbst, erkennt, und weiß, daß außer ihm eigentlich nichts existirt; der mit dem Spruche des heiligen Upanischads hae omnes creaturae in totum ego sum, et praeter me aliud ens non est [alle diese Geschöpfe insgesamt bin ich, und außer mir ist kein anderes Wesen vorhanden] im Munde, oder doch im Herzen, sein individuelles Daseyn endigt. Also nur er kann, bei konsequentem Denken, ruhig sterben. Denn, wie gesagt, Aseität [das reine Aus-sich-selbst-Bestehen] ist die Bedingung, wie der Zurechnungsfähigkeit, so auch der Unsterblichkeit.[68]

Der gute Tod

Der Tod wird kommen und mir und meiner Lust ein Ende machen: das ermahnt mich Zeitwesen, die Zeit zu nutzen: doch schreckt er mich nicht, denn Nichtseyn ist kein Leiden, und so lange ich bin, ist der Tod nicht, und wenn der Tod ist, bin ich nicht: was ist da zu fürchten?[69]

Nun ist es aber sogleich sehr bemerkenswerth, daß einerseits die Leiden und Quaalen des Lebens leicht so anwachsen können, daß selbst der Tod, in der Flucht vor welchem das ganze Leben besteht, wünschenswerth wird und man freiwillig zu ihm eilt; und andererseits wieder, daß sobald Noth und Leiden dem Menschen eine Rast vergönnen, die Langeweile gleich so nahe ist, daß er des Zeitvertreibes nothwendig bedarf.[70]

Allein auch unter allem diesen Blendwerk können die Quaalen des Lebens sehr leicht so anwachsen, und es geschieht ja täglich, daß der sonst über Alles gefürchtete Tod mit Begierde ergriffen wird.[71]

Wenn wir mit Schaudern an den Tod denken, ist der sicherste und daher wirksamste Trost, den man uns zu geben weiß, dieser, daß er doch das Gute hat, das Ende des Lebens zu seyn.[72]

Da sollte man glauben, daß es sich um etwas ganz Anderes handelte, als bloß um einige Jahre weniger einer leeren, traurigen, durch Plagen jeder Art verbitterten und stets ungewissen Existenz; vielmehr müßte man denken, daß Wunder was daran gelegen sei, ob Einer etliche Jahre früher dahin gelangt, wo er, nach einer ephemeren Existenz, Billionen Jahre zu seyn hat.[73]

Den, welcher den Tod erleiden soll, betrachten wir mit grenzenlosem Mitleid: und doch wissen wir, daß ihm weiter nichts widerfährt als das Ende eines Zustandes der wahrhaftig nicht wünschenswerth ist. Ist dies nicht ein Beweis, daß unser innerstes Wesen blinder Wille zum Leben ist?[74]

Für uns ist und bleibt der Tod ein Negatives, – das Aufhören des Lebens; allein er muß auch eine positive Seite haben, die jedoch uns verdeckt bleibt, weil unser Intellekt durchaus unfähig ist, sie zu fassen. Daher erkennen wir wohl, was wir durch den Tod verlieren, aber nicht, was wir durch ihn gewinnen.[75]

Der Zustand, in den *der Tod* uns versetzt, stellt sich nur dar als ein absolutes Nichts: dies besagt aber bloß, daß er etwas ist, welches zu denken unser Intellekt, – dieses bloß zum Dienste des Willens entsprungene Werkzeug, ganz unfähig ist.[76]

So oft ein Mensch stirbt, geht eine Welt unter, nämlich die er in seinem Kopfe trägt: je intelligenter der Kopf, desto deutlicher, klarer, bedeutender, umfassender diese Welt: desto schrecklicher ihr Untergang.[77]

Ich glaube, wir werden im Augenblicke des Sterbens inne, daß eine bloße Täuschung unser Daseyn auf unsere Person beschränkt hatte.[78]

Das Sterben ist allerdings als der eigentliche Zweck des Lebens anzusehen: im Augenblick desselben wird alles Das entschieden, was durch den ganzen Verlauf des Lebens nur vorbereitet und eingeleitet war.[79]

So geleitet dann jene unsichtbare und nur in zweifelhaftem Scheine sich kund gebende Lenkung uns bis zum Tode, diesem eigentlichen Resultat und insofern Zweck des Lebens. In der Stunde desselben drängen alle die geheimnißvollen (wenn gleich eigentlich in uns selbst wurzelnden) Mächte, die das ewige Schicksal des Menschen bestimmen, sich zusammen und treten in Aktion. Aus ihrem Konflikt ergiebt sich der Weg, den er jetzt zu wandern hat, bereitet nämlich seine Palingenesie sich vor, nebst allem Wohl und Wehe, welches in ihr begriffen und von Dem an unwiderruflich bestimmt ist. – Hierauf beruht der hochernste, wichtige, feierliche und furchtbare Charakter der Todesstunde. Sie ist eine Krisis, im stärksten Sinne des Wortes, – ein Weltgericht.[80]

Durchgängig lehrt die Erfahrung, daß Sterbende sich vor dem Scheiden mit Jedem zu versöhnen wünschen.[81]

Dies Letztere bewährt sich auch durch die unleugbare Thatsache, daß, bei Annäherung des Todes, der Gedankengang eines jeden Menschen, gleichviel ob dieser religiösen Dogmen angehangen habe oder nicht, eine moralische Richtung nimmt und er die Rechnung über seinen vollbrachten Lebenslauf durchaus in moralischer Rücksicht abzuschließen bemüht ist.[82]

Der Gegensatz des Alterthums und der neuen Zeit spricht sich vielleicht nirgends stärker aus, als darin, daß wenn bei uns Einer auch nie sich sonderlich um Gott gekümmert hat, er doch bei Annäherung seines Todes an ihn denkt, Jeder aber um die Sterbezeit seine Gedanken wo möglich einzig auf Gott richtet. Bei den Alten dagegen hatte ein Todter und auch Einer, der im Begriff zu sterben ist, mit den Göttern gar nichts mehr zu schaffen und ist gleichsam aus ihrem Gebiet herausgetreten.[83]

Eben so der Hippolytos des Euripides, bei dem es uns auffällt, daß die ihn zu trösten erscheinende Artemis ihm Tempel und Nachruhm verheißt, aber durchaus nicht auf ein über das Leben hinausgehendes Daseyn hindeutet, und ihn im Sterben verläßt, wie alle Götter von dem Sterbenden weichen: – im Christenthum treten sie zu ihm heran; und eben so im Brahmanismus und Buddhaismus, wenn auch bei letzterem die Götter eigentlich exotisch sind.[84]

In diesem Sinne gedacht sind die Ceremonien, Gebete und Ermahnungen der Brahmanen zur Zeit des Todes, wie man sie im Upanischad an mehreren Stellen aufbewahrt findet, und eben so die Christliche Fürsorge für gehörige Benutzung der Sterbestunde, mittelst Ermahnung, Beichte, Kommunion und letzte Oelung: daher auch die Christlichen Gebete um Bewahrung vor einem plötzlichen Ende. Daß heut zu Tage Viele gerade dieses sich wünschen, beweist eben nur, daß sie nicht mehr auf dem Christlichen Standpunkt stehen, welcher der der Verneinung des Willens zum Leben ist, sondern auf dem der Bejahung, welcher der heidnische ist.[85]

Eben weil ein plötzlicher Tod diesen Rückblick unmöglich macht, sieht die Kirche einen solchen als ein Unglück an, um dessen Abwendung gebeten wird.[86]

Können wir, in der Zeit, so deutlich vorwärts, wie zurück sehn; so würde unser Todestag uns so nah erscheinen wie jetzt die ferne Vergangenheit unsrer Jugend oft täuschend nahe vor uns steht.[87]

Fortdauer nach dem Tode

In diesem Sinne bleibt der Tod ein Mysterium. – Hingegen kann man, eben jenen Unterschied zwischen Erscheinung und Ding an sich festhaltend, die Behauptung aufstellen, daß der Mensch zwar als Erscheinung vergänglich sei, das Wesen an sich desselben jedoch hievon nicht mitgetroffen werde, dasselbe also, obwohl man, wegen der diesem anhängenden Elimination [Ausschaltung] der Zeitbegriffe, ihm keine Fortdauer beilegen könne, doch unzerstörbar sei. Demnach würden wir hier auf den Begriff einer Unzerstörbarkeit, die jedoch keine Fortdauer wäre, geleitet.[88]

Denn zwar ist Jeder nur als Erscheinung vergänglich, hingegen als Ding an sich zeitlos, also auch endlos; aber auch nur als Erscheinung ist er von den übrigen Dingen der Welt verschieden, als Ding an sich ist er der Wille der in Allem erscheint, und der Tod hebt die Täuschung auf, die sein Bewußtseyn vor dem der Uebrigen trennt: dies ist die Fortdauer.[89]

Es ist etwas ganz undenkbares, daß das, was einmal, auf einen Augenblick, in aller Kraft der Wirklichkeit da war, nachher eine unendliche Zeit nichtseyn sollte: der Widerspruch ist zu groß: darauf beruht die Lehre der Christen von der Wiederbringung aller Dinge, der Hindu von der stets sich wiederholenden Schöpfung der Welt durch Brahma und ähnliche Dogmen Plato's und andrer Philosophen.[90]

[...] daß es im *Buddhaismus*, in Hinsicht auf *die Fortdauer nach dem Tode*, eine exoterische und eine esoterische Lehre giebt: erstere ist eben die *Metempsychose*, wie im Brahmanismus, letztere aber ist eine viel schwerer faßliche *Palingenesie*, die in großer Uebereinstimmung steht mit meiner Lehre vom metaphysischen Bestande des Willens, bei der bloß physischen Beschaffenheit und dieser entsprechender Vergänglichkeit des Intellekts. Palingenesie kommt schon im Neuen Testament vor.

Allerdings ist der Tod anzusehn als eine Strafe unsers Daseyns.[91]

Diesem entsprechend ist in Indien die Verachtung des Todes und die vollkommenste Gelassenheit, selbst Freudigkeit im Sterben recht eigentlich zu Hause. Das Judenthum hingegen, welches ursprünglich die einzige und alleinige rein monotheistische, einen wirklichen Gott-Schöpfer Himmels und der Erden lehrende Religion ist, hat, mit vollkommener Konsequenz, keine Unsterblichkeitslehre, also auch keine Vergeltung nach dem Tode, sondern bloß zeitliche Strafen und Belohnungen; wodurch es sich ebenfalls von allen andern Religionen, wenn auch nicht zu seinem Vortheil, unterscheidet. Die dem Judenthum entsprossenen zwei Religionen sind, indem sie, aus besseren, ihnen anderweitig bekannt gewordenen Glaubenslehren, die Unsterblichkeit hinzunahmen und doch den Gott-Schöpfer beibehielten, hierin eigentlich inkonsequent geworden.[92]

Allein jenen oben angegebenen Grundcharakter des Christenthums, welchen Augustinus, Luther und Melanchthon sehr richtig aufgefaßt und möglichst systematisirt hatten, suchen unsere heutigen Rationalisten, in die Fußstapfen des Pelagius tretend, nach Kräften zu verwischen und hinauszuexegesiren, um das Christenthum zurückzuführen auf ein nüchternes, egoistisches, optimistisches Judenthum, mit Hinzufügung einer bessern Moral und eines künftigen Lebens, als welches der konsequent durchgeführte Optimismus verlangt, damit nämlich die Herrlichkeit nicht so schnell ein Ende nehme und der Tod, der gar zu laut gegen die optimistische Ansicht schreit und wie der steinerne Gast am Ende zum fröhlichen Don Juan eintritt, abgefertigt werde.[93]

Nicht viel besser, als mit der Willensfreiheit, steht es, unter Annahme des Theismus, mit unsrer Fortdauer nach dem Tode. Was von einem Andern geschaffen ist hat einen Anfang seines Daseyns gehabt. Daß nun dasselbe, nachdem es doch eine unendliche Zeit gar nicht gewesen, von nun an in alle Ewigkeit fortdauern solle, ist eine über die Maaßen kühne Annahme. Bin ich allererst bei meiner Geburt aus Nichts geworden und geschaffen; so ist die höchste Wahrscheinlichkeit vorhanden, daß ich im Tode wieder zu nichts werde.[94]

Daß die Leute sich einbilden und darauf bestehn, der Tod sei nicht der Tod, sondern der Anfang eines neuen Lebens, das ist eben der größte aller Irrthümer und der abstrakte Ausdruck jenes Grundirrthums, jenes praktischen Irrthums (Sünde, Erbsünde) der das Leben selbst ist. Sie wollen nicht vom Leben lassen, sie reden gar von einem seeligen Leben, welches eine contradictio in adjecto [innerer Widerspruch] ist.[95]

Ein natürlicher Irrthum ist auch der, daß wir den Tod ansehn, als den Uebergang zu einem uns ganz unbekannten, uns ganz neuen Zustande, welche Finsterniß sehr beiträgt ihn schrecklich zu machen. In Wahrheit aber ist der Zustand, zu welchem er uns zurückführt uns sehr vertraut, und unserm Wesen viel habitueller und eigenthümlicher als der ephemere des Lebens, der nichts als eine Episode von jenem seyn kann, welcher andre bloß deshalb uns so fremd ist, weil er von unserm Bewußtseyn nicht aufgenommen werden kann.[96]

Der Wunsch, den Jeder hat, daß man nach seinem Tode seiner *gedenken* möge, und der sich bei den Hochstrebenden zum *Wunsche des Nachruhms* steigert, scheint mir aus der Anhänglichkeit am Leben zu entspringen, die, wenn sie sich von jeder Möglichkeit des realen Daseyns abgeschnitten sieht, jetzt nach der allein noch vorhandenen, wenn gleich nur idealen, also nach einem Schatten greift.[97]

Stichworte zum Tod

Jeder Todesfall stellt sich gewissermaaßen als eine Art Apotheose oder Heiligsprechung dar.
(D, 2, S. 729; HN III, S. 591)

La mort, mon cher, n'est autre chose, qu'un changement de décoration.
(H, 412; HN III, S. 92, 705: Der Tod, mein Lieber, ist nichts anderes als ein Wechsel der Dekoration.)

Bald wird der Tod mich abfordern; er ist der unbekannte Führer, der mich in dieses Leben gebracht.
(HN III, S. 92)

Bloß das General-Ende, das Ende aller Enden, wünschen wir, in der Regel, so fern als möglich.
(D, 5, S. 645)

Der Schlaf ist der einstweilige Zins des Todes, welcher selbst die Kapitalabzahlung ist.
(D, 4, S. 489–490, 580)

Die Kapitalabzahlung geschieht durch den Tod.
(D, 2, S. 663)

Die Leiden, die rein der Gegenwart gehören, können bloß physisch seyn: das größte derselben ist der Tod.
(D, 9, S. 238)

Der Tod ist, sofern er ein Leiden ist, ein Antrieb zur Erlösung, nicht aber die Erlösung selbst.
(HN I, S. 163)

[...] und der Tod das große Reservoir des Lebens ist.
(D, 4, S. 550)

[...] bis zum Tode, diesem eigentlichen Resultat und insofern Zweck des Lebens.
(D, 4, S. 250)

Der Tod ist das Ergebniß, das Résumé des Lebens, oder die zusammengezogene Summe [...].
(D, 2, S. 730)

Der Tod ist die Trennung des Willens vom Intellekt.
(HN IV (1), S. 234)

Der Tod gleicht dem Untergange der Sonne, die nur scheinbar von der Nacht verschlungen wird [...].
(D, 1, S. 433)

[...] also seine ganze Welt, untergehen muß im Tode, der daher für ihn gleichbedeutend ist mit dem Weltuntergange.
(D, 3, S. 667)

[...] wobei er den Tod betrachtet, wie das Winken der Augen, welches das Sehen nicht unterbricht.
(D, 3, S. 743)

[...] zum Tode, der Alles, Alles, was der Mensch gewollt hat, mit Einem Schlage zerstört und so der Belehrung, die das Leben ihm gab, die Krone aufsetzt.
(D, 2, S. 730)

[...] und der Tod als den Zweck meines Daseyns auffasse.
(D, 5, S. 17)

Das Sterben ist allerdings als der eigentliche Zweck des Lebens anzusehen.
(D, 2, S. 730)

Anmerkungen

Anmerkungen zur Einleitung

1 Arthur Schopenhauer, Die Kunst, alt zu werden oder Senilia, Aufgrund der Transkription von Ernst Ziegler, hg. von Franco Volpi, München 2009, S. 19.
Marasmus: allgemeiner geistig-körperlicher Kräfteverfall; Marasmus senilis: Kräfteverfall im Greisenalter; Altersschwäche.

2 Ariès, Philippe: Geschichte des Todes, München, Wien 1980.
Jankélévitch, Vladimir: Der Tod, Frankfurt am Main 2005.

3 Gerlach, Joachim: Was ist der Tod? in: Schopenhauer-Jahrbuch 1971, Frankfurt am Main 1971, 52. Band, S. 40–58, S. IV, S. 50.

4 Schmidt, Alfred: Über Tod und Metaphysik bei Schopenhauer, in: Schopenhauer-Jahrbuch 1988, Frankfurt am Main 1988, 69. Band, S. 75–83.

5 Atzert, Stephan: Zwei Aufsätze über Leben und Tod: Sigmund Freuds *Jenseits des Lustprinzips* und Arthur Schopenhauers *Transscendente Spekulation über die anscheinende Absichtlichkeit im Schicksal des Einzelnen*, in: Schopenhauer-Jahrbuch 2005, Würzburg 2005, 86. Band, S. 179–194, S. 183.

6 Panknin-Schappert, Helke: Arthur Schopenhauer und die Paradoxie des Todes, in: Schopenhauer-Jahrbuch 2006, Würzburg 2006, 87. Band, S. 137–156.

7 Platon (427–347 v. Chr.): Phaidon oder Über die Unsterblichkeit der Seele, übertragen und erläutert von Arthur Hübscher, München, Zürich 1988 (Serie Piper, Band 805), S. 49. Vgl. dazu Platon: Phaidon, in: Platon: Sämtliche Werke, Hamburg 1959 (Rowohlts Klassiker der Literatur und der Wissenschaft, Griechische Philosophie, Band 4), Band 3, S. 20 und S. 32.

8 Marcus Tullius Cicero (106–43 v. Chr.): Gespräche in Tusculum,

Lateinisch-deutsch, Mit ausführlichen Anmerkungen neu hg. von Olof Gigon, München, Zürich 1992 (Sammlung Tusculum), S. 71. Lucius Annaeus Seneca (um 4 v. Chr.–65 n. Chr.): Über die Kürze des Lebens, in: L. Annaeus Seneca: Philosophische Schriften, Lateinisch und deutsch, hg. von Manfred Rosenbach, Darmstadt 1989, Zweiter Band, Dialoge VII–XII, S. 193.

9 Michel de Montaigne (1533–1592): Essais, Erste moderne Gesamtübersetzung von Hans Stilett, Frankfurt am Main 1998 (Die andere Bibliothek), S. 45.

10 Jankélévitch: Der Tod, S. 336, S. 337.

11 D, 2, S. 176–177.

12 D, 4, S. 533.

13 Gwinner, Wilhelm: Schopenhauer's Leben, Leipzig 1878, S. 614–615.

14 D, 4, S. 250.
D, 5, S. 301.
Vgl. dazu D, 5, S. 17; D, 2, S. 730; HN III, S. 591.

15 D, 2, S. 532.

16 D, 1, S. 330.

17 D, 2, S. 568.

18 D, 5, S. 302, vgl. auch S. 301: «Das Sterbende geht unter: aber ein Keim bleibt übrig, aus welchem ein neues Wesen hervorgeht, welches jetzt ins Daseyn tritt, ohne zu wissen woher es kommt und weshalb es gerade ein solches ist, wie es ist. Dies ist das Mysterium der Palingenesie, als dessen Erläuterung man das 41ste Kapitel im zweiten Bande meines Hauptwerks betrachten kann. Danach leuchtet uns ein, daß alle in diesem Augenblicke lebenden Wesen den eigentlichen Kern aller künftig leben werdenden enthalten, diese also gewissermaaßen schon jetzt da sind.»

19 D, 2, S. 539.

20 Kant, Immanuel: Vorkritische Schriften bis 1768, hg. von Wilhelm Weischedel, Frankfurt am Main 1977 (Immanuel Kant Werkausgabe, II), Band 2, S. 919–989, S. 989.

21 D, 2, S. 545.

22 D, 3, S. 743.
Vgl. dazu D, 2, S. 546.
D, 1, S. 392.

23 D, 2, S. 539.

24 D, 2, S. 539.

25 D, 1, S. 332, S. 44.
26 D, 2, S. 175–176.
27 D, 2, S. 529.
28 D, 1, S. 368.
29 D, 1, S. 368.
30 Vgl. dazu Tobler, Jürg: Freizeit! Dessert als Hauptspeise, St. Gallen 2008 (Liberales Forum).
31 D, 2, S. 271.
32 D, 2, S. 271.
33 D, 2, S. 271.
34 D, 1, S. 367.
«Freuen wir uns also (am Leben).»
35 D, 1, S. 368–369.
36 D, 2, S. 271, S. 729.
37 D, 1, S. 332.
38 D, 1, S. 332.
39 D, 2, S. 533, S. 569.
40 D, 2, S. 569.
41 D, 2, S. 270.
42 D, 2, S. 270.
43 D, 2, S. 223, S. 270, S. 568–569.
44 D, 2, S. 569, S. 571.
45 D, 2, S. 572.
46 D, 5, S. 224.
Die Theologin Monika Renz, die als Leiterin der Psychoonkologie am Kantonsspital St. Gallen viele Menschen in den Tod begleitet, sagt es so: «Nehmen wir den Begriff ‹ganz›. Wo hört ‹ganz› auf, wo fängt ‹ganz› an, was gehört nicht zum Ganzen? Es ist der Inbegriff für Fülle, ein zutreffender Begriff für das, was wir Gott nennen: das Ganze. Aber ‹ganz› heißt, zu Ende gedacht, dass wir Menschen eigentlich dazugehören. Auch ich, auch Du, auch er, auch sie. Und ich erfahre in meiner Arbeit, dass das die letzte Erfahrungsdimension ist: Teil zu sein von diesem Ganzen. Im Alltag spüren wir das zu wenig, dieses Ganze. Es gibt da einen Selektionsmechanismus, der das Ich so abtrennt von diesem Ganzen, dass man nicht merkt, dass man teilhabend ist.»
Kirchenbote der Evangelisch-reformierten Kirche des Kantons St.Gallen: Sterben, 11/2009, 58. Jg., S. 3.
47 D, 1, S. 134.

D, 2, S. 572.
D, 3, S. 737.
Principium individuationis: der Existenzgrund von Einzelwesen oder Besonderheiten, Individuen; die Sonderung eines Allgemeinen in Individuen.

48 D, 1, S. 134, S. 391.

49 D, 3, S. 737.

50 D, 3, S. 738–739.

51 D, 5, S. 303.

52 Jankélévitch: Der Tod, S. 12, S. 20, S. 36: «Dieses Nichts ist alles für uns, oder anders gesagt, um eben unser Alles-oder-Nichts geht es.»

53 D, 2, S. 688–689.

54 D, 1, S. 333.

55 D, 2, S. 689.

56 D, 2, S. 689.
Glasenapp, Helmuth von: Die nichtchristlichen Religionen, Frankfurt am Main 1957 (Das Fischer Lexikon, 1. Band), S. 161.

57 D, 1, S. 333.
D, 2, S. 689.

Anmerkungen zum Text

1 D, 2, S. 527–581.
Musaget: eigentlich ein Musenführer; Freund und Gönner der Musen, Wissenschaften und Künste, Führer zu den Musen, Beiname des Apollo und des Herkules.

2 D, 5, S. 292–307.

3 Georg Christoph Lichtenberg's Vermischte Schriften, Neue Original-Ausgabe, Göttingen 1867, Erster Band, S. 64: Dahin rechne ich die Lehre von der Unsterblichkeit der Seele. «Es wird nach unserm Leben so sein, wie es vor demselben war» – dieses ist ein instinctmäßiger Vorgriff vor allem Raisonnement.

4 HN I, S. 423.

5 D, 2, S. 176–177.

6 D, 2, S. 190.

7 D, 2, S. 175–176.

8 D, 1, S. 44; vgl. auch D, 9, S. 241.
9 Senilia, S. 148,6.
10 D, 2, S. 571.
11 D, 2, S. 566.
12 D, 2, S. 223.
13 HN I, S. 79.
14 D, 2, S. 552.
15 HN III, S. 24.
16 D, 5, S. 299.
17 Senilia, S. 78,4.
18 D, 5, S. 300.
19 Senilia, S. 51,3.
20 D, 2, S. 571.
21 Senilia, S. 5,1.
22 D, 1, S. 372.
23 D, 1, S. 332.
24 D, 2, S. 566–567.
25 D, 2, S. 551.
26 HN III, S. 81.
27 HN I, S. 166.
28 D, 1, S. 324–325.
29 D, 1, S. 326–327.
30 Senilia, S. 149,1.
31 D, 5, S. 314.
32 D, 2, S. 555–556.
33 D, 1, S. 324.
34 D, 1, S. 324.
35 D, 4, S. 142.
36 D, 5, S. 400.
37 D, 2, S. 650.
38 Senilia, S. 22,4.
39 D, 4, S. 534.
40 D, 4, S. 548.
41 D, 2, S. 730–731.
42 HN III, S. 533–534.
43 D, 4, S. 547.
44 D, 2, S. 697–698.
45 Senilia, S. 61,3.
46 D, 1, S. 392.

47 D, 5, S. 224.
48 D, 5, S. 646.
49 Senilia, S. 93,2.
50 D, 5, S. 240.
51 Senilia, S. 67,1.
52 Senilia, S. 16,5.
53 Senilia, S. 143,3.
54 Senilia, S. 137,2.
55 D, 4, S. 481.
56 Senilia, S. 51,5.
57 D, 2, S. 546; vgl. HN III, S. 636–637.
58 D, 1, S. 327.
59 Senilia, S. 129,1.
60 HN I, S. 251.
61 HN I, S. 68–69.
Im Schweiße deines Angesichtes sollst du dein Brot essen […].
1. Mose, 3,19.
62 HN III, S. 151.
63 HN IV (1), S. 107.
64 D, 1, S. 334.
65 D, 1, S. 334.
66 D, 1, S. 368–369.
67 H, S. 413.
68 D, 4, S. 143.
69 H, S. 132; vgl. HN I, S. 38 und D, 2, S. 532.
70 D, 1, S. 369.
71 D, 1, S. 384.
72 HN III, S. 159.
73 D, 2, S. 401.
74 HN III, S. 151.
75 Hb, 6, S. 296.
76 Senilia, S. 79,8.
77 H, S. 412–413.
78 D, 2, S. 689.
79 D, 2, S. 730.
80 D, 4, S. 250.
81 D, 3, S. 732.
82 D, 3, S. 731.
83 H, S. 383–384.

84 D, 2, S. 494.
Euripides, 485/4–407/6 v. Chr., Tragiker; in seiner Tragödie «Hippolytos» erweisen sich die Götter «als Exponenten einer Ordnung, die auf den menschlichen Bereich nicht anwendbar ist».
85 D, 2, S. 697.
86 D, 2, S. 730.
87 HN IV (1), S. 274.
88 D, 2, S. 563.
89 D, 1, S. 333.
90 HN III, S. 643.
91 Senilia, S. 65,4.
Metempsychose: Seelenwanderung; Palingenese: Wiedergeburt der Seele.
92 D, 4, S. 143.
93 D, 5, S. 422.
94 D, 4, S. 142.
Theismus: Glaube an einen persönlichen, von außen auf die Welt einwirkenden Schöpfergott.
95 HN I, S. 87.
96 HN III, S. 642.
97 Senilia, S. 35,3.

Abgekürzt zitierte Werke

Arthur Schopenhauers sämtliche Werke, hg. von Paul Deussen, München 1911 ff.

Erster Band	D, 1	=	Die Welt als Wille und Vorstellung, Erster Band, München 1911, 1924.
Zweiter Band	D, 2	=	Die Welt als Wille und Vorstellung, Zweiter Band, München 1911.
Dritter Band	D, 3	=	Der Satz vom Grunde, Über den Willen in der Natur, Die beiden Grundprobleme der Ethik, München 1912.
Vierter Band	D, 4	=	Parerga und Paralipomena, Kleine philosophische Schriften, Erster Band, München 1913.
Fünfter Band	D, 5	=	Parerga und Paralipomena, Kleine philosophische Schriften, Zweiter Band, München 1913.
Sechster Band	D, 6	=	Ueber das Sehn und die Farben, Theoria colorum physiologica,

		Balthazar Gracian's Hand-Orakel, Ueber das Interessante, Eristische Dialektik, Ueber die Verhunzung der deutschen Sprache, hg. von Franz Mockrauer, München 1923.
Neunter Band	D, 9 =	Arthur Schopenhauers handschriftlicher Nachlaß, Philosophische Vorlesungen, Erste Hälfte: Theorie des Erkennens, Im Auftrage und unter Mitwirkung von Paul Deussen zum ersten Mal vollständig hg. von Franz Mockrauer, München 1913.
Zehnter Band	D, 10 =	Philosophische Vorlesungen, Zweite Hälfte: Metaphysik der Natur, des Schönen und der Sitten, München 1913.

Arthur Schopenhauer, Sämtliche Werke, hg. von Arthur Hübscher, Dritte Auflage, Wiesbaden 1972.

Erster Band	Hb, 1 =	Schriften zur Erkenntnislehre.
Zweiter Band	Hb, 2 =	Die Welt als Wille und Vorstellung, Erster Band.
Dritter Band	Hb, 3 =	Die Welt als Wille und Vorstellung, Zweiter Band.

Vierter Band	Hb, 4 =	Schriften zur Naturphilosophie und zur Ethik, I. Ueber den Willen in der Natur, II. Die beiden Grundprobleme der Ethik.
Fünfter Band	Hb, 5 =	Parerga und Paralipomena, Erster Band.
Sechster Band	Hb, 6 =	Parerga und Paralipomena, Zweiter Band.
Siebenter Band	Hb, 7 =	Über die vierfache Wurzel des Satzes vom zureichenden Grunde (Dissertation 1813), Gestrichene Stellen, Varianten früherer Auflagen, Zitate und fremdsprachige Stellen, Namen- und Sachregister.

Arthur Schopenhauer, Der handschriftliche Nachlaß, hg. von Arthur Hübscher, Frankfurt am Main 1966–1975.

Erster Band	HN I =	Frühe Manuskripte (1804–1818).
Zweiter Band	HN II =	Kritische Auseinandersetzungen (1809–1818).
Dritter Band	HN III =	Berliner Manuskripte (1818–1830).
Vierter Band Erster Teil	HN IV (1) =	Die Manuskriptbücher der Jahre 1830 bis 1852.

Vierter Band HN IV (2) Zweiter Teil	=	Letzte Manuskripte, Gracians Handorakel.
Fünfter Band HN V	=	Randschriften zu Büchern.
H	=	Aus Arthur Schopenhauer's handschriftlichem Nachlaß, Abhandlungen, Anmerkungen, Aphorismen und Fragmente, hg. von Julius Frauenstädt, Leipzig 1864.
Senilia	=	Arthur Schopenhauer: Senilia, Gedanken im Alter, hg. von Franco Volpi und Ernst Ziegler, München 2010.

Aus dem Verlagsprogramm

Arthur Schopenhauer
Herausgegeben von Franco Volpi

Die Kunst, glücklich zu sein
Dargestellt in fünfzig Lebensregeln
4., unveränderte Auflage in der Beckschen Reihe.
2009. 105 Seiten. Paperback
Beck'sche Reihe Band 1369

Die Kunst zu beleidigen
3. Auflage. 2008. 130 Seiten mit 1 Abbildung. Paperback
Beck'sche Reihe Band 1465

Die Kunst, mit Frauen umzugehen
2. Auflage. 2006. 110 Seiten. Paperback
Beck'sche Reihe Band 1545

Die Kunst, sich selbst zu erkennen
2006. 120 Seiten mit einer Abbildung. Paperback
Beck'sche Reihe Band 1719

Die Kunst, alt zu werden
2009. 139 Seiten. Paperback
Beck'sche Reihe Band 1902

Senilia
Herausgegeben zusammen mit Ernst Ziegler
2010. 374 Seiten mit 9 Abbildungen. Leinen
Beck'sche Reihe Band 1777

Verlag C. H. Beck München

Beck'sche Reihe «Denker»
Herausgegeben von Otfried Höffe

Theodor W. Adorno, von Rolf Wiggershaus (bsr 510)
Anselm von Canterbury, von Rolf Schönberger (bsr 568)
Antike Skeptiker, von Friedo Ricken (bsr 526)
Hannah Arendt, von Hauke Brunkhorst (bsr 548)
Aristoteles, von Otfried Höffe (bsr 535)
Augustinus, von Christoph Horn (bsr 531)
Avicenna, von Gotthard Strohmaier (bsr 546)
Francis Bacon, von Wolfgang Krohn (bsr 509)
George Berkeley, von Arend Kulenkampff (bsr 511)
Giordano Bruno, von Paul Richard Blum (bsr 551)
Rudolf Carnap, von Thomas Mormann (bsr 554)
Ernst Cassirer, von Andreas Graeser (bsr 527)
Noam Chomsky, von Günther Grewendorf (brs 574)
Nicolaus Cusanus, von Kurt Flasch (bsr 562)
Charles Darwin, von Eve-Marie Engels (bsr 575)
Jacques Derrida, von Uwe Dreisholtkamp (bsr 550)
René Descartes, von Dominik Perler (bsr 542)
Epikur, von Malte Hossenfelder (bsr 520)
Johann Gottlieb Fichte, von Peter Rohs (bsr 521)
Michel Foucault, von Urs Marti (bsr 513)
Gottlob Frege, von Verena Mayer (bsr 534)
Hans-Georg Gadamer, von Kai Hammermeister (bsr 552)
Jürgen Habermas, von Alessandro Pinzani (bsr 576)
G.W. F. Hegel, von Hans Friedrich Fulda (bsr 565)
Werner Heisenberg, von Gregor Schiemann (bsr 577)
Thomas Hobbes, von Otfried Höffe (bsr 580)
Max Horkheimer, von Zvi Rosen (bsr 528)
Wilhelm von Humboldt, von Tilman Borsche (bsr 519)
David Hume, von Jens Kulenkampff (bsr 517)
Edmund Husserl, von Verena Mayer (bsr 579)
Indische Denker, von Kuno Lorenz (bsr 545)
Immanuel Kant, von Otfried Höffe (bsr 506)
Karl Jaspers, von Kurt Salamun (bsr 508)
Johannes Kepler, von Volker Bialas (bsr 566)
Søren Kierkegaard, von Annemarie Pieper (bsr 556)
Konfuzius, von Heiner Roetz (bsr 529)

Nikolaus Kopernikus, von Martin Carrier (bsr 558)
Jacques Lacan, von Kai Hammermeister (bsr 578)
Gottfried Wilhelm Leibniz, von Michael-Thomas Liske (bsr 555)
John Locke, von Rainer Specht (bsr 518)
Niklas Luhmann, von Detlef Horster (bsr 538)
Niccolò Machiavelli, von Wolfgang Kersting (bsr 515)
John Stuart Mill, von Peter Rinderle (bsr 557)
Isaac Newton, von Ivo Schneider (bsr 514)
Friedrich Nietzsche, von Volker Gerhardt (bsr 522)
Wilhelm von Ockham, von Jan P. Beckmann (bsr 533)
Willard Van Orman Quine, von Henri Lauener (bsr 503)
Blaise Pascal, von Wilhelm Schmidt-Biggemann (bsr 553)
Charles Sanders Peirce, von Klaus Oehler (bsr 523)
Jean Piaget, von Thomas Kesselring (bsr 512)
Platon, von Michael Erler (bsr 573)
Plotin, von Jens Halfwassen (bsr 570)
Karl R. Popper, von Lothar Schäfer (bsr 516)
Karl Rahner, von Albert Raffelt/Hansjürgen Verweyen (bsr 541)
John Rawls, von Thomas W. Pogge (bsr 525)
Jean-Jacques Rousseau, von Dieter Sturma (bsr 549)
Bertrand Russell, von Thomas Mormann (bsr 560)
Jean-Paul Sartre, von Peter Kampits (bsr 567)
Max Scheler, von Wolfhart Henckmann (bsr 543)
F. W. J. Schelling, von Hans Michael Baumgartner/ Harald Korten (bsr 536)
Friedrich Schleiermacher, von Hermann Fischer (bsr 563)
Arthur Schopenhauer, von Klaus-Jürgen Grün (bsr 559)
Duns Scotus, von Ludger Honnefelder (bsr 569)
Adam Smith, von Karl Graf Ballestrem (bsr 561)
Sokrates, von Günter Figal (bsr 530)
Baruch de Spinoza, von Wolfgang Bartuschat (bsr 537)
Thomas von Aquin, von Maximilian Forschner (bsr 572)
Paul Tillich, von Werner Schüßler (bsr 540)
Giambattista Vico, von Peter König (bsr 571)
Vorsokratiker, von Christof Rapp (bsr 539)
Max Weber, von Gregor Schöllgen (bsr 544)
Alfred North Whitehead, von Michael Hampe (bsr 547)
Ludwig Wittgenstein, von Wilhelm Vossenkuhl (bsr 532)

Verlag C. H. Beck München